ein Ullstein Sachbuch

Der Verfasser dankt dem
Verband Deutscher
Putenerzeuger e.V., Bonn,
für seine Mitarbeit.

Ullstein Buch Nr. 4103
im Verlag Ullstein GmbH,
Frankfurt/M – Berlin – Wien

Originalausgabe

Umschlagentwurf: Hansbernd Lindemann

Fotos: Verband Deutscher
Putenerzeuger e.V., Bonn
Printed in Germany 1978
Gesamtherstellung:
Ebner, Ulm
ISBN 3 548 04103 5

CIP-Kurztitelaufnahme
der Deutschen Bibliothek

Denckler, Heinz

Das Puter-Kochbuch: 180 Rezepte für
Putenteile u. kalorienarme Festbraten. –
Orig.-Ausg. –
Frankfurt/M, Berlin, Wien:
Ullstein, 1978.
([Ullstein-Bücher] Ullstein-Buch;
Nr. 4103: Ullstein-Sachbücher)
ISBN 3-548-04103-5

Heinz Denckler

Das Puter-Kochbuch

180 Rezepte
für Putenteile und
kalorienarme
Festbraten

ein Ullstein Sachbuch

INHALT

VORWORT UND KLEINE GESCHICHTE DES PUTERS

Ob von Pute, Puter, Truthahn, Truthenne, Indian, Turkey, Pockerl oder Welschhahn die Rede ist – gemeint ist damit immer der gleiche große Hühnervogel, der allgemein unter dem Namen *Puter* verkauft wird. Deshalb der Name *»Puter-Kochbuch«* für dieses Buch, obwohl mit Puter nur das männliche Tier dieser Art bezeichnet ist, während es sich beim Verkauf fast ausschließlich um Puten, die weiblichen Tiere dieser Großhühnerart, handelt.

KLEINE GESCHICHTE DES PUTERS

Bereits lange vor der Entdeckung Amerikas wurden diese Vögel in Mittelamerika – wo sie noch heute in wildlebenden Arten vorkommen – als Haustiere gehalten und gezüchtet.
Den spanischen Eroberern unter ihrem Anführer Cortez wurde am Hof des Aztekenkaisers Montezuma als besondere Köstlichkeit Puterbraten vorgesetzt. Dieser Braten schmeckte den Spaniern so gut, daß sie 1520 mehrere Puterpaare mit nach Spanien nahmen, von wo aus diese Geflügelart in kurzer Zeit in ganz Europa Verbreitung fand. Bereits 1530 wurde der Puter erstmalig in Deutschland, 1540 erstmalig als besondere Delikatesse in England urkundlich erwähnt. Bei einem Festmahl einer der damals reichsten Familien Europas, den Augsburger Fuggern, wurde der »Indianische Hahn« als Hauptattraktion gereicht, und 1570 war »Indian« – wie damals der Puter genannt wurde – bei der Hochzeit Karl des IX. die Hauptspeise. Ende des 16. Jahrhunderts ist der Puter dann, den Berichten der Historiker nach, auf den Tafeln aller großen Gelage der damaligen Zeit mit der wichtigste Braten gewesen.
Was früher »Die Speise der Könige« war, ist heute dank moderner Erzeugungsmethoden in der »Puterwirtschaft« für jeden einzelnen erschwinglich geworden. Der frühere »königliche Luxus« ist heute gesundes magenfreundliches Alltags- und Festessen in vielen Haushaltungen.

DIE GESCHMACKSWERTE DES PUTERFLEISCHES

Die Geschmackswerte des Puterfleisches sind groß. Feinschmecker schätzen es wegen seiner vielfältigen Geschmacksrichtungen – man sagt vielfach, daß in einem Puter achterlei Fleischsorten enthalten seien. Tatsache ist, daß alle Teile des Puters wie Bruststücke (Schnitzel, Filets, Steaks), ganze Schenkel (Keulen), Oberschenkel und Unterschenkel und Flügel deutliche, von Kennern geschätzte Unterschiede in Farbe, Aussehen, Zartheit und Geschmack aufweisen. Das helle, zarte Brustfleisch ist dem Kalbfleisch ähnlich, das dunklere, im Geschmack kräftigere Schenkelfleisch dagegen hat einen leichten Wildcharakter. Diese Unterschiede ermöglichen bei Verwendung von Puterteilen eine außergewöhnlich große Zahl von geschmacklich völlig unterschiedlichen Gerichten aus einem Tier.

DIE GESUNDHEITSWERTE DES PUTERFLEISCHES

Fast noch wichtiger als die geschmacklichen Werte des Puters sind seine außerordentlichen gesundheitlichen Vorteile.
Puterfleisch ist:

- sehr eiweißreich
- sehr kalorienarm
- sehr vitaminreich
- sehr mineralstoffreich

Das wenige Fett im Puterfleisch ist wegen seiner günstigen Zusammensetzung für die zeitgemäße Ernährung bestens geeignet. Der hohe Gehalt an Vitamin B_1 und B_2 muß besonders erwähnt werden.
Die eßbaren Innereien des Puters sind aufgrund ihres hohen Mineralstoff- und Spurenelementgehaltes für die moderne Ernährung besonders wertvoll.
Der gegenüber anderen Fleischsorten geringe Kalorien- bzw. Joulegehalt wird bei einem Vergleich besonders deutlich.
So enthalten:

	Kalorien	Joule
100 g Rindfleisch	253	1059
100 g Schweinefleisch	395	1653
100 g Kalbfleisch	150	628
100 g Puterfleisch	114	477

und an Eiweiß und Fetten in Prozenten:

	Eiweiß	Fett
Rindfleisch	18,8	13,7
Schweinefleisch	14,1	35,0
Kalbfleisch	20,5	5,4
Puterfleisch	20,1	2,7

PUTERFLEISCH – DAS FLEISCH DER ZUKUNFT

Diese Vorteile haben den Verbrauch von Puterfleisch in der kalorien-/joule-, gesundheitsbewußt gewordenen Welt fast explosionsartig ansteigen lassen.
So stieg der Verbrauch an Puterfleisch allein in der Bundesrepublik von 36 Millionen Kilo im Jahre 1970 auf über 60 Millionen Kilo im Jahre 1976.
Das zarte, fettarme, eiweiß- und vitaminreiche und damit gesunde Puterfleisch ist heute in jeder gewünschten Art und in den für die verschiedensten Haushaltsgrößen passenden Portionierungen in fast allen Supermärkten und in den meisten Fleischereien, Feinkostläden und vielen Einzelhandelsgeschäften erhältlich.
Mit dem ständig ansteigenden Verbrauch ist auch das Bedürfnis nach besonders schmackhaften und abwechslungsreichen Zubereitungsarten und -rezepten für Puterfleisch – dem Fleisch der Zukunft – gestiegen, weshalb mit diesem Buch das erste spezielle »Puter-Kochbuch« vorgelegt wird.

Übrigens

Alle Gerichte sind, wenn nicht anders angegeben, für vier Personen berechnet.

EIN BRATEN AUS GANZEN PUTERN

ALLGEMEINES

Ein ideale Zubereitungsart von Putern ist die Zubereitung als ganzer Braten. Im ganzen Puterbraten kommen die außergewöhnlichen geschmacklichen Besonderheiten des Puters – die verschiedenen Fleischarten an einem Tier – voll zur Geltung. Der wunderbare, an knusprig gebratenes Kalbfleisch erinnernde Geschmack des zarten, weißen Brustfleisches sowie der ganz spezielle Putergeschmack der anderen Teile kommen besonders im ganzen Braten und der Bratensauce vollmundig heraus.
Für größere Familienfestlichkeiten, zu Weihnachten oder wenn eine größere Anzahl Gäste erwartet werden, empfiehlt sich die Zubereitung eines größeren Bratens. Es gibt, evtl. muß vorbestellt werden, Puter bis zu 20 Pfund und mehr. Zur Vorbereitung eines solchen Vogels muß aber die entsprechend große Bratenpfanne vorhanden sein, oder man muß in einer großen Alufolie braten.
Wo die Möglichkeit besteht, einen ganzen Puter zuzubereiten – es gibt kleinere schon ab 2500 g –, sollte man des öfteren einen ganzen gebratenen Puter auf den Tisch bringen. Wenn ein ganzer Puter nicht gleich vollständig verzehrt wird, kann man aus den Resten ausgezeichneten kalten Aufschnitt machen. Man kann aber auch das abgelöste Fleisch nochmals in die Sauce geben und daraus ein weiteres Essen auf den Tisch bringen. Auch gute Putersülzgerichte lassen sich aus den Resten zubereiten. Und die starken Knochen und das Bratengerippe ergeben noch eine gute Suppe.
Bei einem ganzen unzerschnittenen Braten bleibt das Fleisch auch saftiger, da ja dabei Schnittflächen, die stets Saftverlust bedeuten, weitgehend wegfallen.
Wenn man zu einem Fest jedem reichlich auftragen möchte, muß man etwa $1^1/_2$ Pfund Frischgewicht pro Person rechnen. Dann hat man ein sehr schönes Festessen und kann jeden Gast mit guten Stücken bedienen.
Der Puterbraten ist auch heute noch fast eine festliche Mahlzeit. Sein besonderer Vorteil ist, daß er im Gegensatz zur fetten Gans

oder Ente kein »hohler« Braten, sondern ein ausgesprochener Fleischvogel ist.
Wer sich um seine Schlankheit sorgt, sollte sich besonders an das helle Fleisch halten, das hauptsächlich um die Brust herum sitzt. 200 g davon haben 300 Kalorien, 200 g vom dunklen 460 Kalorien.

Die Bratvorbereitung

Die Zubereitung eines Puterbratens ist heute, wenn auch etwas Sorgfalt notwendig ist, verhältnismäßig einfach, denn die früher notwendig gewesenen Vorbereitungen entfallen. Die Tiere kommen heute küchen- und bratfertig in fast allen gewünschten Größen und Gewichten in den Handel.
Die Vorbereitung des Bratens beginnt mit dem Waschen des Vogels unter fließendem Wasser, und zwar innen und außen. Dann wird er leicht mit Küchenkrepp oder einem Tuch trockengetupft und anschließend gründlich evtl. zweimal mit Pfeffer und Salz eingerieben.
Zur Vorbereitung gehört auch die Herstellung der Füllung, die allein schon nach der Fertigstellung des Bratens eine Köstlichkeit ist und die hauptsächlich dazu dient, den Braten recht saftig werden zu lassen und bestimmte Geschmacksstoffe aus der Füllung auf den Vogel zu übertragen und umgekehrt.
Bei einem Vogel von ungefähr 20 Pfund besteht die Füllung aus 1 Pfund Tatar, 1 Dose abgetropfter gehackter Pilze, 2 Stengeln geschälter und gehackter Bleichsellerie, 1 EL gehackter Petersilie, 1 gestr. EL Thymian, 1/2 TL Zwiebelsalz und 1/4 TL Pfeffer. Alles wird gut durch Kneten vermengt. Die sich ergebende Masse wird lose eingehüllt, wobei darauf geachtet werden muß, daß der Vogel nicht zu stark gefüllt wird, da sonst die Füllung beim Aufquellen sich aus der Öffnung herausdrückt.
Vor dem Einlegen in die Bratenpfanne oder dem Einwickeln in die Alufolie muß das Tier »dressiert« werden. Darunter versteht man das Festbinden der Schenkel und Flügel an den Rumpf. Dies geschieht, damit die der Brathitze sonst besonders ausgesetzten Teile nicht austrocknen.
Dabei kann das Belegen der Bratenbrust mit dünnen Speckstreifen (bardieren) gleich mit ausgeführt werden, da diese leicht mit demselben Faden wie die Schenkel festgebunden werden können. Auch

diese Maßnahme dient dazu, ein Austrocknen von Brust und Brustbein zu vermeiden. Besonders empfehlenswert ist es, etwas von den Speckstreifen zwischen den Schenkeln und dem Rumpf mit einzubinden. Dadurch bleiben auch die Schenkel saftiger.
Das Belegen mit Speckstreifen ist gerade beim Puterbraten deshalb so wichtig, weil die Brust bei diesem Tier sehr fettarm ist. Bei größeren Tieren empfiehlt es sich, sogar in die Brust mit einer Spicknadel Speckstreifen einzuziehen.
Bei kleineren oder bei besonders jungen Tieren kann das Bardieren entfallen. Es genügt in diesem Fall, wenn man es häufig mit heißer Butter, Margarine oder heißem Öl beschöpft.
Bevor das so vorbereitete Tier in die Bratenpfanne gelegt wird, muß diese gründlich mit kaltem Wasser ausgespült und dann mit Speckscheiben ausgelegt werden. Dann kommt der Puter hinein, wobei die Brustseite nach oben kommt. Die Bratenpfanne wird in die unterste Schiene des vorgeheizten Bratofens eingeschoben.

Braten in der Bratenpfanne

Je nach Größe und Gewicht des Puters beträgt die Bratzeit zwischen 2 und 3 Stunden bei 200 Grad im Elektroherd und Stufe 4 oder knapp halbgroßer Flamme im Gasherd.
Der Bratofen muß gut vorgeheizt sein. Man legt den vorbereiteten Bratvogel dann in eine ausreichend große Bratenpfanne. Ist der Ofen nicht vorgeheizt, dann muß man mit einer 1/2 Stunde längerer Bratzeit rechnen.
Man kann den Braten bei 200–230 Grad braten. Empfehlenswerter ist es aber, wenn genügend Zeit vorhanden ist, nur bei 180 Grad zu braten. Dann muß man aber mit längerer Bratzeit rechnen. Das aber ist bei einem sehr großen Vogel reichlich mehr Zeit, als meist zur Verfügung steht. Kann die längere Bratzeit bei 180 Grad aufgebracht werden, zahlt sich dies durch eine beachtenswerte Geschmacksverbesserung aus.
Sobald das austretende Fett anfängt, braun zu werden, muß 1/8 l heißes Wasser oder, was besser ist, Fleischbrühe zugegossen werden.
Etwa alle 15 Minuten sollte der Puterbraten mit dem entstandenen Bratenfond beschöpft werden. Ist dieser zu stark eingedickt, muß nach und nach noch mehr heiße Flüssigkeit zugegossen werden.

Das Zugießen kalter Flüssigkeit würde den Bratvorgang schockartig unterbrechen, und es würde jeweils einige Zeit vergehen, bis die vorherige Brattemperatur wieder erreicht ist.
Wenn man prüfen will, ob der Braten gar ist, so braucht man nur ein wenig an einem der Puterbeine etwas zu drehen. Wenn sich der Knochen leicht bewegen läßt, ist der Braten gar, sitzt er aber ganz fest und springt wie eine Feder in die alte Lage zurück, dann braucht er noch Bratzeit.
Etwa 10 Minuten vor dem Ende der Bratzeit müssen die Speckstreifen abgenommen werden. Will man den Puterbraten besonders knusprig und braun haben, muß er nach der Abnahme der Speckstreifen mit kaltem Salz- oder Zuckerwasser oder Bier bestrichen oder eingepinselt werden. Dabei ist das Einpinseln die sicherere und damit bessere Methode.
Mit dem Abnehmen der Speckstreifen ist das Beschöpfen einzustellen, denn knusprig kann der Braten nur durch ein gewisses Austrocknen der Haut werden.
Ist das Knusprigwerden erreicht, wird die Bratenpfanne mit dem Braten aus dem Ofen herausgezogen und diese auf eine feste hitzeunempfindliche Unterlage gestellt. Eine vorgewärmte Platte bereitstellen, den Puter darauflegen und warm stellen.

Dann den Bratenfond mit $^1/_8$ l Fleischbrühe, zur Not mit heißem Wasser ablöschen und den an den Innenseiten der Bratenpfanne angekrusteten, dick gewordenen – geschmacklich besonders wertvollen – Bratenfond leicht abkratzen. Alles in einen Topf gießen und in diesem so lange aufkochen, bis sich die Stücke des eingedickten Fond aufgelöst haben. Wer Kalorien oder Joule einsparen will, kann, ohne daß der Geschmack der Sauce beeinträchtigt wird, einen Teil des Fettes abschöpfen. $^1/_4$ l kalte saure Sahne dann mit einem EL Speisestärke verrühren und den Bratenfond damit binden und mit Salz und Pfeffer abschmecken. Die fertige Sauce in eine Saucenschüssel geben und diese zusammen mit dem Braten auf den Tisch bringen.

Braten in der Alufolie

Wird der Puter in der Alufolie auf dem Rost gebraten, muß man die Haut des Vogels rundherum mit geschmolzener Butter bestreichen, damit sie nicht an der Folie hängenbleibt. Außerdem muß

man die Folie eine Stunde vor Beendigung der Bratzeit oben aufschneiden und den Vogel auf einer Seite braun braten lassen. Ist dies geschehen, muß er umgedreht werden, damit er eine weitere halbe Stunde von der anderen Seite bräunen kann. Beim Wenden muß man darauf achten, daß der köstliche Bratenfond, der sich in der Folie gesammelt hat, aufgefangen und aus der Folie in ein Gefäß abgegossen wird. Er ist die Grundlage für die schöne, wunderbar schmeckende Bratensauce.
Eine zusätzliche Freude beim Braten in Alufolie ist es, in den letzten zwei Stunden vor dem Ende der Bratzeit sorgfältig gewaschene, ungeschälte, aber mit Butter eingeriebene Kartoffeln – jede einzeln in Alufolie eingewickelt – mit in den Ofen auf den Rost einzuschieben. Evtl. übriggebliebene Füllungsmasse kann, ebenfalls in Folie eingewickelt, mit eingeschoben werden.

Füllungen und Füllen

Puterbraten aus einem ganzen Puter wird geschmacklich besonders gut, wenn er mit einer Füllung gebraten wird.
Es ist eine besonders vorteilhafte Eigenschaft des Puterfleisches, daß es die Geschmackswerte von Gewürzen und anderen Beigaben gut in sich aufnimmt. Dadurch kann der Wohlgeschmack eines jeden Puterbratens durch eine gute »Füllung« noch zusätzlich erhöht und je nach der Art der »Fülle« interessant abgewandelt werden. Aber nicht nur das Puterfleisch nimmt beim Braten Geschmackswerte aus der Fülle auf, sondern auch diese selbst wird durch das in die Masse eindringende Puterbratenaroma zu einer sehr schmackhaften Bratenbeigabe. Die fertigen Füllmengen, die stets leicht feucht sein müssen, werden mit einem Löffel in die Bauchhöhle des Vogels getan und diese danach mit einem Holzspießchen (Zahnstocher) verschlossen.

Kastanienfülle

Die Edelkastanien oder Maronen werden einzeln eingeschnitten und dann zusammen in die vorgeheizte Backofenröhre eingelegt und so lange darin gelassen, bis sie platzen. Dann entfernt man die äußere und innere Schale und kocht sie halbweich. Mit der zerkleinerten Puterleber dämpft man die Kastanien dann kurz an, würzt mit Salz und Pfeffer und füllt sie in den Puterbraten ein.

Kartoffelfülle

Je nach der Größe des Puters wird eine verschieden große Menge Kartoffeln geschält und in Würfel geschnitten. Die Würfel werden dann zusammen mit kleingeschnittener Petersilie (Schere), Beifuß oder Majoran, etwa 1/4 bis 1/2 kleingeschnittener Zwiebel sowie der zerkleinerten Puterleber kurz angedämpft, mit Salz und Pfeffer gewürzt und in den Braten eingefüllt.

Hefefülle

Die Hefefülle schmeckt zu Puterbraten besonders gut. Dazu wird ein faustgroßes Stück roher Hefeteig mit Zitronenschale, Petersilie, Majoran, Zwiebel, Salz, Pfeffer und etwas Suppenwürze pikant gewürzt, eine zerkleinerte Puterleber dazugefügt und alles zusammen in den Braten eingefüllt.

Semmelfülle

Drei altbackene Brötchen werden in Milch etwa 10 Minuten eingeweicht und dann wieder ausgedrückt. Dies geschieht am leichtesten zwischen zwei Frühstücksbrettchen. Die Semmelmasse wird dann mit Salz, Pfeffer, Suppenwürze, Zitronenschale, Petersilie, einer kleingeschnittenen mittelgroßen Zwiebel pikant gewürzt, eine zerkleinerte Puterleber dazugefügt und alles gut vermengt.
Dieser Fülle kann man auch Magen und Herz, vorher halb gargekocht und gut zerkleinert, beifügen.

Bananenfülle

Je nach Größe des Puterbratens werden mehrere nicht zu reife Bananen von der Schale befreit, kurz angebraten und eingefüllt. Evtl. kann man dieser Fülle, zum Ausgleich der starken Süße der Bananen, Würfel von möglichst herben Äpfeln beigeben und damit strecken und verbessern. Auch mit gerösteten, zerbrochenen Erdnüssen läßt sich diese Fülle gut verfeinern.

Apfelfülle

Mehrere möglichst gleich große Äpfel werden ausgehöhlt. Die Aushöhlungen werden mit gekochten Edelkastanien oder Trockenzwetschgen und etwas Salz und Majoran ausgefüllt.

Puterkleinfülle

Das Puterklein garkochen und alles Fleisch vom Hals mit einem spitzen Messer abpulen. Dieses Fleisch zusammen mit Herz und Leber sehr klein schneiden und 120 g Semmelbrösel, 2 EL gehackte Petersilie, 2 EL gehackte Nüsse, 4 EL Rosinen, 2 Eier und Salz und Pfeffer dazugeben.

1 mittelgroße Zwiebel schälen und kleinschneiden und in 60 g Butter dünsten, dann alles vermengen.

Leberwurstfülle

Den Inhalt von 1–2 frischen Leberwürsten bindet man mit 2–3 EL mit etwas in Fett angerösteten Haferflocken und würzt mit Salz, geriebener Zitronenschale und Zwiebel, ein wenig Majoran oder Petersilie und füllt diese Masse ein.

Leberfülle

Eine Puterleber wird in Würfel geschnitten, mit Zwiebeln gebraten und unter Zugabe entweder von Pilzen, gebratenen Bananen oder leicht eingeweichten Dörrpflaumen oder Dörrbirnen vermengt eingefüllt.

Brat- und Grillzeiten

Puter im Backofen zu braten oder auf dem Grill zu garen ist einfach.
Wenn man aber maximale Leistungen erreichen möchte, sollte man die nachstehenden Brat- und Grillzeiten und Ratschläge beachten.

Bratzeiten

Braten	Gewicht	Backofen	Schiebeleiste	Tip
Puter	4–5 kg	kalt einschieben, bei 190° 3 Std. braten bei 250° die letzten 10 Minuten	unterste	mageren Puter mit heißem Fett übergießen

Grillzeiten

Braten	Gewicht	Holzkohlengrill	Elektrogrill
Puter	5 kg	5 Stunden	4 Stunden

Bevor der Puter in die Bratenpfanne gelegt oder auf die Grillstange gesteckt wird, müssen die Schenkel und Flügel am Rumpf festgebunden werden.

Tranchieren

Unter Tranchieren versteht man, Geflügel dem Körperbau des Tieres entsprechend anatomisch richtig zu zerlegen und tellergerechte Portionen daraus zu machen.
Beim Tranchieren geht es aber nicht allein darum, den Braten nur zu zerlegen. Vom richtigen Zerlegen hängt auch die Erhaltung des

Wohlgeschmacks des Puters ab. Es muß darauf geachtet werden, daß immer quer zur Fleischfaser und niemals mit der Faser geschnitten wird. Nur wenn Fleischfasern quer geschnitten werden, ergibt sich ein mürbes Bratenstück. Selbst der noch so sorgsam gebratene Puter, wie auch jedes andere Geflügel, wird im Geschmack fad, wenn dies bei der Zerlegung nicht beachtet wird.
Zum Zerlegen muß ein besonders starkes Sägemesser oder noch besser eine Geflügelschere verwendet werden. Nur mit einer solchen Schere ist es möglich, Klein- und Großgeflügel rasch, ohne daß es auskühlt, formschön und richtig zu tranchieren. Eine solche Schere erleichtert und beschleunigt nicht nur die Arbeit, sondern schont auch Hände und Schürze.
Nachdem mit einem scharfen Messer vor dem Ansetzen der Schere die Haut an den Schereschnittstellen vorsichtig durchtrennt wurde, wird mit der Schere das Geflügel in zwei Hälften getrennt. Dann zerlegt man die Hälften in die einzelnen, sich aus der Zeichnung ergebenden Teile. Danach legt man alles wieder bestmöglich so zusammen, daß der Eindruck eines ganzen Vogels entsteht.

REZEPTE FÜR DEN FESTTAGSBRATEN

Festlicher Puter in buntem Gemüsekranz

(Der Weihnachtsputer reicht bei 4 Personen für 2 Mahlzeiten.)

1 Puter von etwa 3000 g, Salz, Pfeffer, 50 g Butter oder Margarine, 1 TL Paprika edelsüß, 1 Zwiebel, 1 Möhre. Für die Garnitur: 2 grüne Paprikaschoten, 1 kleine Dose Maiskörner, 1 kleine Dose Pariser Karotten, 1 Paket Tiefkühlerbsen und -rosenkohl, 1 kleine Dose Pfirsichhälften und Maraschinokirschen.

Puter innen und außen unter fließendem Wasser, falls tiefgefroren, vorher auftauen, gut abspülen und dann mit einem Tuch oder Küchenkrepp trockentupfen, salzen und pfeffern (Salz und Pfeffer dabei etwas eindrücken) und in eine ausreichend große Bratenpfanne legen. Fett zerlassen, mit Paprika verrühren und den Puter damit übergießen. Zwiebel- und Möhrenwürfel darumlegen. Puter mit

Alufolie abdecken und etwa 3 Stunden bei 175 Grad braten lassen. In der letzten $1/2$ Stunde die Folie entfernen, damit der Puter schön bräunt.
Anstatt mit Alufolie kann man die Brustteile und vor allen Dingen das Brustbein mit Speckscheiben gegen die allzu starke Hitze vor der Austrocknung schützen. Auch die Speckscheiben müssen $1/2$ Stunde vor dem Ende der Bratzeit entfernt werden, damit der Puter noch gut bräunen kann.
Zur Garnitur Paprika halbieren, entkernen und waschen, in wenig Salzwasser 5 Minuten dünsten. Maiskörner mit der Flüssigkeit erhitzen, mit Pfeffer abschmecken. Je 1 TL Margarine und Zucker schmelzen, Karotten darin erwärmen. Restliches Gemüse erhitzen. Pfirsiche abtropfen, mit Kirschen füllen.
Sauce aus dem Bratenfond bereiten. Puter auf einer Platte anrichten und mit den Beigaben garnieren.
Aus dem restlichen Fleisch kann man einen Putergeflügelsalat oder eine Füllung für Pasteten bereiten.
Dazu passen: Kartoffelkroketten oder -püree.

Tip

Der Weihnachtsputer wird besonders schön braun, wenn er am Anfang und während der Bratzeit des öfteren mit Zuckerlösung oder mit Bier bepinselt wird.

Puterbraten Bismarck

1 Puter von etwa 2000–3000 g, 3–4 nicht süße Äpfel, 50 g Rosinen, ausreichend große Alufolie.

Puter bratfertig machen – bei einem tiefgefrorenen Tier dieses 8–9 Stunden in einer zugedeckten Schale auftauen lassen und das Plastiksäckchen mit den Innereien entfernen. Dann das Tier unter fließendem Wasser innen und außen gründlich säubern und danach ebenfalls innen und außen mit Salz und Pfeffer einreiben.

Die Äpfel schälen und danach in Scheiben schneiden. Diese zusammen mit den gut gewaschenen und abgetropften Rosinen in den Puter füllen. Diesen mit einem kleinen Holzstab verschließen oder zunähen. Dabei die Schenkel und Flügel mit einem Faden an den Rumpf festbinden (dressieren). Das so vorbereitete Tier in eine genügend große Alufolie einwickeln, die Enden gut verschließen und in eine Bratenpfanne einlegen und diese in die unterste Schiene des Bratofens einschieben. 2 Stunden lang braten lassen, dann die Folie aufreißen und etwa eine Dreiviertelstunde zum Bräunen nachbraten lassen.

Puter »Französische Art«

2500 g bratfertigen Puter, 2 Auberginen, 500 g Tomaten, 500 g Pilze (wenn möglich Steinpilze), 1 Zwiebel, 1 Bund Petersilie, Salz, Pfeffer, Paprika, Oregano, Knoblauch.

Puter gut würzen und rundherum gut anbraten, später mit etwas Fleischbrühe angießen. Während des Bratens häufig mit dem Bratenfond übergießen. Bratzeit etwa 1$^1/_2$ Stunden bei 200 Grad. Auberginen waschen, in Scheiben schneiden und in etwas Öl braten, Steinpilze mit Zwiebel und Knoblauch angehen lassen. Tomaten waschen, Strunk entfernen und oben kreuzweise einschneiden. 10 Minuten vor Ende der Bratzeit zum Puter in die Pfanne setzen, leicht salzen und pfeffern.
Anrichteweise: Auberginen und die Steinpilze um den gebratenen Puter herum bukettweise anrichten und mit gehackter Petersilie bestreuen. Bratensauce extra auftragen.

Puter nach normannischer Landarbeiterart

1 Babyputer, 1000 g Äpfel, 1 EL Mandeln, Salz, Pfeffer, 1 EL Schmalz, $^1/_4$ l Apfelwein, Calvados.

Den Puter innen und außen waschen, trockentupfen und mit vorher geschälten, entkernten und geschnittenen Äpfeln und den abgebrühten und enthäuteten Mandeln füllen. Zunähen, mit Salz und Pfeffer einreiben, beides etwas eindrücken und in heißer Röhre in Schmalz bei 225 Grad braten. Öfters begießen und mit Apfelwein ablöschen.
Wer braune Sauce zur Hand hat (sonst aus der Packung), kann sie hinzugießen. Mit einem Glas Calvados verbessern.
Dazu passen: Rosenkohl und frische Kartoffeln.

Puter auf Jägerart

1 Puter von etwa 1500–2000 g, 4 EL Öl (40 g), 50 g Butter, 10 Schalotten (100 g), 100 g frische Champignons, 2 Glas (je 2 cl) Cognac oder Weinbrand, 2 Glas (je 2 cl) Weißwein, 1 EL Tomatenmark, $^1/_4$ l heiße Fleischbrühe aus Würfeln, 2 TL zerriebener Estragon, 1 TL zerriebener Kerbel, Salz, schwarzer Pfeffer.

Puter innen und außen mit kaltem Wasser abspülen, falls tiefgefroren, vorher auftauen, Beutel mit Innereien herausnehmen (Suppe), mit Haushaltspapier trockentupfen.
Öl in einer Bratenpfanne erhitzen und den Puter einlegen und rundum 10 Minuten anbraten. Butter dazugeben und erhitzen. In der Zwischenzeit die Schalotten schälen. Ganz lassen, einlegen und 5 Minuten mitbräunen lassen.
Champignons putzen und unter kaltem Wasser abspülen, abtropfen lassen, vierteln und mit einlegen.
Leicht warmen Weinbrand darübergießen und mit einem Streichholz anzünden, d. h. flambieren. Mit Weißwein ablöschen.
Tomatenmark und Gewürze mit der heißen Fleischbrühe verrühren und in den Bratenfond geben. Zugedeckt 40 Minuten garen.
Puter herausnehmen und in Portionen teilen und diese in eine vorgewärmte Schüssel geben.
Sauce abschmecken. Über das Fleisch gießen und auftragen.

Puter bürgerlicher Art

1 Babyputer von 1500 g, Salz, weißer Pfeffer, 1 TL Thymian, 1 große Scheibe fetter Speck (80 g), 50 g Kokosfett, 175 g durchwachsener Speck, 500 g kleine, junge Zwiebeln, 750 g Möhren, 750 g kleine Kartoffeln, $^1/_4$ l Fleischbrühe aus Würfeln.

Puter außen waschen, falls tiefgefroren, vorher auftauen, Beutel mit Innereien herausnehmen und Puter innen und außen unter fließendem kaltem Wasser abspülen, abtrocknen und dann mit Salz, Pfeffer und Thymian einreiben. Speckscheibe auf den Puter legen und festbinden. Kokosfett in einem Bratentopf oder der Fettpfanne erhitzen. Puter darin auf den Schenkelseiten gut anbra-

ten. In den vorgeheizten Ofen in die untere Schiene einschieben. Puter mehrmals wenden und mit dem Bratenfond begießen.
In der Zwischenzeit durchwachsenen Speck in dünne, 1/2 cm breite Streifen schneiden. Zwiebeln, Möhren und Kartoffeln schälen. Zwiebeln in einen Topf mit kochendem Wasser geben und kurz einmal aufkochen. Möhren und Kartoffeln waschen. Abtropfen lassen. Möhren in 1/2 cm dicke Scheiben schneiden. Kartoffeln ganz lassen. Zwiebeln rausnehmen.
Nach dem Ende der Bratzeit Speck, Zwiebeln, Möhren und Kartoffeln zum Puter geben. Salzen und pfeffern. Fleischbrühe reingießen. Wieder in den Ofen auf die untere Schiene stellen. Aus dem Ofen nehmen und gleich im Topf auftragen.

Variante: »Puter bürgerliche Art im Tontopf«

Puter in gleicher Weise wie vorstehend angegeben vorbereiten. Mit zerlassener Butter statt mit Kokosfett in den gut gewässerten Tontopf geben. Bei 200 Grad etwa 150 Minuten braten. Nach 90 Minuten Speck und Gemüse zugeben. 10 Minuten vor Ende der Garzeit den Topf öffnen und offen ohne Deckel einschieben, damit der Braten gut bräunen kann.
Puter »Elsässer Art« ist schon eine größere Angelegenheit. Es ist ein festliches, aber doch deftiges Gericht für die ganze Familie oder eine Anzahl Gäste, denen man einmal etwas Besonderes vorsetzen möchte, auch wenn etwas mehr Zeit für die Zubereitung aufgewendet werden muß.

Puter »Elsässer Art«

1 Puter von etwa 2000 g, Salz, Pfeffer.
Für die Füllung:
400 g gemischtes Hackfleisch, Salz, Pfeffer, gemahlene Muskatblüte, 1/2 Prise zerriebener Majoran, 1 Zwiebel (150 g), 1/2 Tasse Wasser.
Für das Sauerkraut:
1000 g Sauerkraut, 3 EL Gänsefett (30 g), Salz, Zucker, 1 kleine Zwiebel (35 g), 100 g durchwachsener Speck, knapp 1/8 l Wasser, Petersilie zum Garnieren.
Für die Sauce:
1/8 l Wasser, 1/2 EL Speisestärke, Pfeffer, Salz.

Puter unter fließendem kaltem Wasser innen und außen abspülen, falls tiefgefroren, vorher auftauen und dann trockentupfen. Mit Salz und Pfeffer einreiben, dabei etwas eindrücken.
Für die Füllung das Gehackte in einer Schüssel mit Salz, Pfeffer, Muskatblüte, Majoran und den geschälten, gewürfelten Zwiebeln zu einer Farce vermengen und den Puter damit füllen. An der Hals- und Leiböffnung zunähen oder mit Holzstäbchen zustecken. Braten dressieren, d. h. Flügel und Schenkel an den Körper mit Umwickelfäden anlegen, damit diese beim Braten nicht austrocknen. Den so vorbereiteten Puter in die Bratenpfanne legen und Wasser zugießen. In den vorgeheizten Ofen in die untere Schiene einschieben und bei 200 Grad etwa 150 Minuten lang braten lassen. Den Puter in dieser Zeit immer wieder mit dem austretenden Bratenfond beschöpfen.
40 Minuten vor dem Ende der Garzeit wird das Sauerkraut mit zwei Gabeln leicht auseinandergezupft. 3 EL Bratenfond abnehmen und in einem Topf noch mal erhitzen. Das Sauerkraut darin andünsten und mit Salz und Zucker würzen. Zwiebel schälen und fein hacken und zum Sauerkraut geben. Speck in etwa $^1/_2$ cm dicke Scheiben schneiden und obendrauflegen. Wasser zugießen. In 30–35 Minuten gar dünsten. Speckscheiben abnehmen und Sauerkraut abschmecken. Auf einer vorgewärmten Platte anrichten.
Braten aus dem Ofen nehmen und die Fäden entfernen. Aus dem Bratenfond die Sauce bereiten. Dazu Fett abschöpfen und mit $^1/_8$ l Wasser den angetrockneten Bratenfond von der Bratenpfanne loskochen. Speisestärke mit etwas kaltem Wasser anrühren und die Sauce damit binden. Mit Pfeffer und Salz abschmecken.
Puter tranchieren, d. h. in fachgerechte Portionen teilen, Portionen auf das Sauerkraut legen und mit Speckscheiben und gewaschener, trockengetupfter Petersilie verziert auftragen.
Dazu passen: Salzkartoffeln und der entfettete Bratenfond.

Puter amerikanisch

Puter ist das beliebteste Geflügel bei den Amerikanern. Am Thanksgiving Day dem 1661 eingeführten Friedens- und Erntedanktag) – dem letzten Donnerstag im November – gibt es in fast jedem amerikanischen Haushalt gebratenen Puter, der dort den Namen Turkey hat.

In größeren Familien werden dort Puter bis zu einem Gewicht von 20 kg in Spezialbratenpfannen zubereitet, und das Zerlegen (Tranchieren) des Bratens ist meist ein Fest für sich, ähnlich wie früher bei uns das Zerlegen der wegen des großen Fettgehaltes etwas aus der Mode gekommenen Weihnachtsgans. Am beliebtesten aber sind außerhalb der Festtage oder in kleineren Familien junge Hähne von 4–6 kg, die vollfleischiger sind als die in der Statur kleineren weiblichen Tiere.

1 junger Puter von 4–6 kg, 250 g Weißbrot,
250 g gehacktes Kalbsnierenfett, 6 Speckscheiben,
2–3 Zwiebeln, 3 Eier, Petersilie, Salbei, Salz, Pfeffer,
Hühnerbrühe, evtl. Würfel oder Instant, Preiselbeersauce
(Cranberry-Sauce).
In einigen Staaten Nordamerikas ist auch eine Reisfüllung
aus Wildreis (Indianerreis) sehr beliebt.

Den Puter zum Braten vorbereiten. Bei einem tiefgefrorenen Tier dieses in einer zugedeckten Schüssel auftauen lassen. Dann den Plastikbeutel mit den Innereien herausnehmen. Das Tier innen und außen gut unter fließendem Wasser waschen und dann ebenfalls innen und außen mit Salz und Pfeffer gründlich einreiben.
Das Weißbrot einweichen, das Kalbsnierenfett kleinhacken, die Zwiebeln schälen und kleinhacken und in einer Pfanne andünsten, Petersilie und Salbei fein schneiden (alte Schere). Das eingeweichte Weißbrot ausdrücken – am leichtesten zwischen zwei Frühstücksbrettern – und alles gut vermengen. Die entstehende Masse in den Puter füllen, die Öffnung mit einem Holzspießchen verschließen oder mit ein bis zwei Stichen vernähen.
Die Bratenpfanne mit kaltem Wasser ausspülen und den Puter mit der Brust nach oben einlegen. Einen Teil der Hühnerbrühe eingießen und die Bratenpfanne in die unterste Schiene des Bratofens einschieben. Alle 10 Minuten beschöpfen, evtl. von der warmgemachten Hühnerbrühe nachgießen. Nach einer Stunde etwa den Puter mit der Brust nach unten drehen. Aber darauf achten, daß der Puter mindestens in der letzten halben Stunde wieder mit der Brust nach oben gebraten wird. Ein kleineres Tier ist in etwa 2 Stunden, ein etwas größeres Tier nach etwa 3 Stunden fertig. Ein größeres Tier muß mehrmals, etwa alle 45 Minuten, umgedreht werden.

Den Bratenfond unter Zugabe des aus der Bratenpfanne abgekratzten, eingedickten Saftes in einen Topf geben, Hühnerbrühe zugießen und zusammen aufkochen lassen. Mit Preiselbeersauce (Cranberry-Sauce) zusammen den Puter auftragen.

Puter Mecklenburger Art

Für 3–4 Personen

1 bratfertiger Puter von 2500 g, Salz, Pfeffer, 250 g Äpfel, 20 g Butter, 20 g Rosinen, 20 g Korinthen, 1/8 l heißes Wasser, 500 g Rotkohl, 2 EL Fett (20) g), 1/16 l heißes Wasser, 3–4 EL Essig, Salz, Zucker, 1/2 Zwiebel (25 g), 1/2 Lorbeerblatt, 1 1/2 Gewürznelken, 100 g Maronen (Eßkastanien), 1/2 EL Zucker (10 g), 20 g Margarine, 1/8 l heiße Fleischbrühe aus Würfeln.

Puter unter kaltem Wasser abspülen. Innen und außen mit Haushaltspapier gut abtrocknen und mit Salz und Pfeffer einreiben.
Äpfel waschen, schälen, vierteln, Kerngehäuse rausschneiden. In einer Pfanne mit heißer Butter andünsten. Ein paar Viertel zum Garnieren zurücklassen.
Rosinen und Korinthen mit kochendem Wasser überbrühen. Auf einem Sieb abtropfen. Mit den Äpfeln mischen. Puter mit der Mischung füllen, zunähen und mit dem Rücken nach oben in die Bratenpfanne legen. Mit heißem Wasser übergießen. In den vorgeheizten Ofen schieben und bei etwa 200 Grad 2–3 Stunden braten.
In dieser Zeit den Puter zwischendurch mehrmals mit Bratenfond begießen. Nach der Hälfte der Garzeit umdrehen. Ausgetretenes Bratfett abschöpfen.
In der Zwischenzeit Rotkohl zubereiten. Äußere Blätter entfernen, vierteln und streifig schneiden.
2 EL Bratfett von dem Puter in einen Topf geben. Rotkohl darin anschmoren, Wasser und Essig angießen. Mit Salz und Zucker würzen. Zwiebel schälen und danach mit Lorbeerblatt und Nelken spicken und in den Kohl geben. Kohl etwa 70 Minuten lang garen lassen. Nach 50 Minuten die Zwiebel entfernen. Äpfelviertel auf dem Kohl heiß werden lassen. Puter auf Rotkohl anrichten.

Die Maronen zubereiten, während Puter und Rotkohl gar werden. Dazu Maronen kreuzweise einschneiden. 15 Minuten in Wasser kochen, dann schälen. In einem Topf Zucker und Margarine goldgelb rösten. Maronen reingeben. Mit heißer Fleischbrühe begießen. In 15 Minuten gar werden lassen. Mit Maronen und Apfelvierteln garniert auftragen.
Dazu passen: Salzkartoffeln, Kartoffelklöße oder Semmelknödel.

Putergulasch »böhmisch«

Für 6 Personen

1 Puter von etwa 4000 bis 5000 g, 1500 g Zwiebeln, 100 g Fett, 4 EL Paprika edelsüß, 4 EL Essig, Wasser, 2 Knoblauchzehen, Salz, 2 TL Kümmel, 2 TL Majoran, 1 TL Zucker, 1 Bund Petersilie.

Puter häuten, Fleisch von den Knochen lösen und in grobe Würfel schneiden. Zwiebeln schälen und würfeln. Fett in einem großen Topf erhitzen. Zwiebeln darin goldgelb braten. Mit Paprika und Essig würzen.
Puterfleischwürfel kurz abspülen, mit Haushaltspapier gut abtrocknen. Zu den Zwiebeln geben und mit soviel Wasser auffüllen, daß das Fleisch bedeckt ist.
Knoblauchzehen schälen und mit Salz zerdrücken. Kümmel, Majoran und Zucker zum Fleisch geben. Gulasch etwa 90 Minuten lang schmoren. Dann den Topfdeckel abnehmen und die Flüssigkeit einkochen lassen, bis eine sämige Sauce entsteht. Gulasch kräftig abschmecken.
Petersilie waschen, trockentupfen und grob hacken. Auf das Gulasch streuen und auftragen.

Dazu passen: Böhmische Semmelknödel.

Indischer Curryputer

1 Puter von etwa 2500 g oder die gleiche Menge Puterteile, 2 Zwiebeln, je eine rote und grüne Paprikaschote, 100 g Butter, 1 Knoblauchzehe, 2 Äpfel, 2 TL Currypulver, $^1/_2$ TL geriebene Muskatnuß, 1 Lorbeerblatt, 200 g frische oder abgetropfte Champignons aus der Dose, 2 TL Tomatenketchup, 1 schwach gehäufter EL Mehl, $^1/_8$ l frische Sahne.

Den Puter vierteln, entbeinen und enthäuten. Bei Puterteilen diese ebenfalls entbeinen und enthäuten.
Die Zwiebeln fein schneiden, die Paprikaschoten entkernen und würfeln. Die Butter erhitzen und alles darin anbraten. Die Knoblauchzehe fein schneiden, die Äpfel schälen und würfeln und zusammen mit dem Currypulver, der geriebenen Muskatnuß anrühren, das Lorbeerblatt dazugeben und mit einer Tasse Wasser auffüllen.
Die Champignons vierteln und zusammen mit dem Tomatenketchup, dem Mehl und der Sahne verquirlen und die Masse untermischen und alles zusammen mit der ersten Masse 10 Minuten lang dünsten und den ausgebeinten Puter oder Puterteile darin leicht köchelnd kochen lassen, bis das Fleisch gar ist.
Das Gericht dann mit Reis auftragen.

Die klassischen Beilagen und Saucen

Die klassischen *Beilagen* zu Putergerichten sind:

Kartoffel- oder Semmelklöße
Salzkartoffeln oder Kartoffelpüree
körnig gekochter Reis oder Risotto

Körniger Reis

Eine Tasse 2–2$^1/_2$mal mit Wasser füllen und dieses in einen Topf gießen. 1 Prise Salz und 1 TL Speiseöl dazugeben. Wasser zum Kochen bringen.
Die gleiche Tasse mit Reis füllen, diesen in das kochende Salzwasser einrühren und knapp 1 Minute kochen lassen.

Topf mit Deckel in den vorgewärmten Backofen schieben und auf 200 Grad stellen. Nach 25–30 Minuten den Topf herausziehen, Deckel öffnen und den Topf kühl stellen, falls der Reis nicht sofort verwendet wird.

Risotto

ist eine wunderbare Küchenerfindung. Diese Form der Reiszubereitung hat den Vorteil, daß der Reis damit nicht einfach eine Beilage ist, sondern selbst schon zu einem schmackhaften Gericht wird, da er einen ausgezeichneten Eigengeschmack erhält.
Risotte ist körniger Reis mit Öl, gewiegter Zwiebel und fetter Brühe zubereitet. Die Flüssigkeit muß vom Reis so völlig aufgesogen sein, daß er trocken wirkt.
Für die Zubereitung sind erforderlich:

250 g Langkornreis, 4 EL Olivenöl, 1 Zwiebel, 3/4 l heiße Hühnerbrühe natur oder aus Extrakt, Salz, weißer Pfeffer, 35 g Butter.

Öl in einem Topf erhitzen. Gewiegte Zwiebel darin 3 Minuten glasig werden lassen. Reis mit einem sauberen Tuch abreiben. In den Topf geben und unter Rühren in 5 Minuten glasig werden lassen. Heiße Hühnerbrühe angießen. Salzen, pfeffern und zugedeckt bei geringer Hitze 30 Minuten quellen lassen. Reis zuletzt mit einer Gabel lockern und Butter untermischen. In einer vorgewärmten Schüssel auftragen.
Außerdem passen als Zuspeise zu Putergerichten:

eingemachte Preiselbeeren, Johannisbeer-, Brombeer- oder Quittengelee, Orangen, gebratene Bananen, Apfelmus, Apfelscheiben, Schmorbirnen, Ananas, Essig- oder süß-saure Gurken, Mixed Pickles, und zu kaltem Puteraufschnitt auch pikante oder süße Saucen sowie Mayonnaisen und Meerrettichsauce.

Die klassischen *Saucen* zu Putergerichten sind:

außer der aus dem eigenen Bratensaft hergestellten Bratensauce, die auch mit saurem Rahm oder Kondensmilch angedickt werden kann,
Cumberlandsauce,
Kapernsauce und die
Hamiltonsauce.

Je dunkler eine Sauce aussieht, desto appetitanregender wirkt sie. Bei Putergerichten sollte man daran denken, daß es gerade bei diesem Fleisch sehr auf die Qualität der Sauce mit ankommt. Mehl sollte bei feineren Saucen niemals verwendet werden.
Der Saft des Bratens und auch die Beigabe von Gewürzen dazu ergeben noch keine gute Sauce. Dabei ist die Zubereitung einer guten Sauce, welche nicht nur den Wohlgeschmack von Putergerichten hebt, sondern erheblich verstärkt, gar nicht so schwierig.
Nachstehend einige Hinweise, wie man eine gute zu Putergerichten passende Sauce zubereiten kann:

Klare Bratensauce

Die meisten Hausfrauen setzen den Braten nicht richtig an, indem sie ihn mit dem kalten Fett, womöglich sogar noch mit etwas Wasser und den Wurzeln und Zwiebeln in die Röhre schieben. Daraus kann natürlich niemals eine goldbraune, klare Sauce werden. Man erhält vielmehr eine trübe, unansehnliche, viel zu helle Brühe, die nach nichts schmeckt.
Richtig ist es, zuerst das Fett heiß werden zu lassen. Darin wendet man das Fleisch rasch um, damit sich die Poren von allen Seiten schließen und der Saft im Fleisch bleibt. Danach gibt man die sogenannte Bratengarnitur, reichlich aufgeschnittene Zwiebel, ½ gelbe Rübe, etwas Sellerie, Petersilienwurzel, Lauch und nach Belieben auch Würzkörner daran. Es gibt auch fertig gemischte Bratengewürze in Tüten, die empfehlenswert sind. Von besonderem Reiz ist es, an die Sauce ein Stückchen geräucherten Speck zu geben. Erst wenn sich die Zwiebeln bräunen und das Fett braune Ränder bekommt, gießt man zum erstenmal etwas Wasser auf. Nie früher. Man läßt nun immer wieder die Sauce kurz einkochen, dann erst gießt man neuerlich warme Flüssigkeit dazu. Beim Zugießen von kalter Flüssigkeit wird jedesmal der Bratvorgang unterbrochen und damit verlängert. Zum Schluß kann man sie noch durch eine mitgebratene Tomate und durch etliche Tropfen Suppenwürze verfeinern.
Klare Bratensaucen sind besonders für weißes Fleisch, wie Kalbfleisch, Geflügel, insbesondere aber für Puterbraten geeignet.

Cumberlandsauce

pro Person 1 EL Senf, 1 EL Johannisbeergelee, 1 EL Öl oder Mayonnaise, Zitrone, Salz, Pfeffer.

Dazu verrührt man Senf, Johannisbeergelee, Öl oder Mayonnaise, ein wenig Zitronen- oder Orangensaft, ganz wenig geriebene Schale dieser Früchte, Salz und Pfeffer. Die Sauce soll sehr würzig süßsauer schmecken.

Kapernsauce

Butter, Mehl, 1 Glas Weißwein, Zitrone, 1 Nelke, Salz, Würze, 1–2 EL Kapern, Zucker, Salz, Pfeffer.

Aus Mehl und genügend Butter eine kleine hellgelbe Schwitze zubereiten und diese mit Wasser, besser Brühe, und Weißwein aufgießen.
In Scheiben geschnittene Zitrone ohne Kerne, eine zerschlagene Gewürznelke, etwas Salz und Würze dazugeben und die Sauce mit den Gewürzen gut durchkochen und dann durch ein Sieb geben.
Mit kleinen Kapern, ein wenig Zitronensaft, Salz, einer Spur Zukker und etwas Pfeffer aus der Mühle pikant abschmecken.
Diese Sauce eignet sich warm oder halbwarm, aber auch kalt, besonders zu Putergerichten nach Wildart.

Hamiltonsauce

1 Tasse Wildbretsauce (Tube), 3 EL Johannisbeergelee, 3 EL geriebener Meerrettich, 2 EL Senf, 1 Tasse Weichselkirschen, Paprika, Wein.

Das Johannisbeergelee und den geriebenen Meerrettich zusammenmengen.
Senf, entkernte und sehr feingehackte oder im Mixer pürierte Weichselkirschen, etwas Paprika und Weißwein und womöglich noch eine Tasse entfettete, kalte Wildbretsauce dazugeben und alles gut vermengen.
Zu kalt aufgeschnittenem Puterbraten und Putergerichten nach Wildart paßt besonders gut die

Essig-Kräuter-Sauce

Bratensaft, Essig, 1 Ei, 1 Essiggurke, 1 EL Kapern, Schnittlauch, 1–2 EL Kräuter, Öl, Zwiebel, 1 TL Meerrettich.

In den Bratensaft und eine 1/2 Tasse gekochtes Essigwasser gibt man das gekochte, gehackte Ei, die feingehackte Essiggurke, gehackte Kapern, reichlich Schnittlauch, gemischte und gehackte Küchenkräuter sowie reichlich Olivenöl. Man würzt noch mit etwas geriebener Zwiebel und Meerrettich.
Eine sehr pikante und sehr rasch herzustellende Sauce zu warmen wie zu kalten Putergerichten nach Wildart ist die

Feuervogelsauce

Je 2–3 EL Mayonnaise und Tomatenketchup, 1 EL Senf, Zitrone, Rahm.

Man rührt Mayonnaise, ebensoviel Tomatenketchup, knapp soviel mittelscharfen Senf, ein wenig Zitronensaft und dicken Rahm nur ganz leicht durch, so daß die Sauce gelbrot und weiß gestreift bleibt. Davon hat sie auch ihren Namen. Sie schmeckt sehr pikant und läßt sich nach eigenem Geschmack mehr nach der Senf- oder Mayonnaiseseite hin abwandeln.

Sonderzubereitungen
in Friteuse, Fondue-Gerät und Tisch-Grill

FRITEUSE

(Fritiergerät mit 140–180 Grad heißem Fett, in welchem schwimmendes Bratgut sehr schnell gebraten wird.)
Puterfleisch ist für die Zubereitung in der Friteuse ganz besonders gut geeignet. Durch das plötzliche Hineingeben in das heiße Fett schließen sich die Poren des Fleisches sofort, und es geht keinerlei Saft verloren. Ganz besonders schmackhaft wird Puterfleisch in der

Friteuse, wenn vorher flüssige Butter an mehreren Stellen, insbesondere bei Schenkeln oder Bruststücken, eingespritzt worden ist.
Zur Zubereitung von Puterfleisch in der Friteuse eignen sich praktisch alle Puterteile, sofern sie nicht zu groß sind. Zu große Puterteile müssen entsprechend portionsgerecht geschnitten werden.
Eines muß man allerdings beim Fritieren besonders beachten. Das Fett in der Friteuse darf höchstens viermal verwendet werden, da es sonst braun, unansehnlich und ungesund wird. Es muß deshalb nach viermaligem Gebrauch weggeschüttet werden.

Puterkrusteln

250 g Puterbratenreste, 100 g Pilze, etliche Scheiben Zunge oder Schinken, 1 EL Fett, 1 EL Mehl, 1 Ei, Semmelbrösel, Gewürze.

Zuerst bereitet man aus Fett, Mehl und etwas Brühe eine dickliche, weiße Schwitze, würzt sie gut und gibt das kleingeschnittene Fleisch und die gedämpften Pilze dazu. Die Masse streicht man auf eine Porzellanplatte und läßt sie erkalten.
Danach formt man kleine Röllchen daraus, wälzt sie dick in Mehl, Ei und Semmelbröseln und bäckt sie schwimmend in Fett, am besten in einer Friteuse, aus.
Die Röllchen werden auf einer Papierspitzendecke mit Petersilienbüscheln aufgetragen.
Dazu paßt: Grüner Salat.

FONDUEGERÄT UND TISCHGRILL

Puterbrustfiletfleisch eignet sich ganz vorzüglich für ein gutes Puterfondue oder für eine Tischgrillmahlzeit. Für eine Tischgrillmahlzeit sollte das Fleisch etwas dünner geschnitten werden als für das Fondue. Sonst besteht in der Vorbereitung kein Unterschied.
Der Hauptspaß besteht bei beiden Zubereitungen darin, daß sich jeder so viel oder so wenig Bissen zurechtbrutzelt, wie er mag, und diese mit den Saucen würzt, die ihm am besten schmecken.
Es gibt unzählige zu Fondue und Grill passende Saucen, und der

Kochkunst und Phantasie sind keine Grenzen gesetzt. Wer sich nicht mit den Fertigsaucen in Flaschen begnügen will, kann sich die wichtigsten und markantesten Saucen nach folgenden Rezepten selbst zubereiten:

Zigeunersauce

$^1/_2$ Zwiebel, Petersilie, Schnittlauch und 6 Sardellenfilets pürieren. 7 EL Tomatenketchup, 3 EL Senf und 5 EL Öl gut verrühren, kräftig mit Paprika, Pfeffer und Salz würzen, dazugeben und weiter gut verrühren, bis eine in der Farbe einheitliche Sauce entstanden ist.

Meerrettichsahne

In $^1/_4$ l geschlagene Sahne etwa 50 g geriebenen Meerrettich einmengen, möglichst frisch geriebenen. Mit Salz und Zucker abschmecken.

Kräutersauce

3–4 Schalotten schälen und pürieren oder so gut als möglich zerdrücken, in Weißwein geben und leicht in einer Pfanne köcheln lassen, bis die Masse anfängt, etwas einzudicken. Auskühlen lassen und aus einer Tube oder einem Glas gute Mayonnaise untermischen. Je 10 g gehackte Petersilie, Dill, Kresse, Estragon, Kerbel fein hacken und gründlich einmischen.

REZEPTE FÜR EINZELNE PUTERTEILE

PUTERBRUST

(Schnitzel, Filets, Steaks)

Puterbrust »Weinhändler Art«

720 g Puterbrust à 180 g, 100 g fetten Speck, 500 g Trauben, ca. 25 Walnußkerne, 800 g Sauerkraut, 1/4 l Weißwein, 1 Zwiebel, Wacholderbeeren, Lorbeerblatt, Salz und Pfeffer, 100 g Schweineschmalz oder anderes Fett.

Puterbrust würzen und in den in Scheiben geschnittenen fetten Speck einwickeln. Langsam in der Röhre garen und fleißig übergießen. Sauerkraut (Weinkraut aus der Dose) mit Zwiebel, Wacholderbeeren, Lorbeerblatt und Weißwein ansetzen.
Trauben abziehen, entkernen und in einer Pfanne mit den Walnußkernen in Fett anschwenken. Speck von der umwickelten Brust verwenden, vorher in feine Streifen schneiden. Aus dem Bratenfond eine leichte Madeira- oder Portweinsauce ziehen, die dazu gereicht wird.
Die Brust in Scheiben schneiden und auf das Weinsauerkraut legen.
Dazu passen: Kartoffelpüree oder Mandelkartoffeln.

Putermedaillons »Favorite«

480 g Putermedaillons aus einem Bruststückchen schneiden (8 Stück à 60 g), 200 g Puterleber oder Pastete aus der Dose, 8 Champignonköpfe, 1 kleine Dose Spargelspitzen, 1/4 l Madeirasauce, Salz und Pfeffer.

Putermedaillons mit Salz und Pfeffer würzen und in Fett kurz anbraten. Die Puterleber in Stücke oder die Pastete in Scheiben

schneiden und ebenfalls kurz in der gleichen Pfanne braten und auf die Medaillons legen. Die Champignonköpfe dazu garnieren und mit Madeirasauce überziehen. Spargelspitzen als Garnitur mit anlegen.
Dazu passen: Kartoffelkroketten, Buttererbsen.
Mit Medaillons bezeichnet man gebratene Scheibchen von kleinen Lendchen (Filets) oder aus Bruststückchen geschnittene Scheibchen.

Gebratene Puterbrust

800 g Puterbrust, 1 TL Salz, Pfeffer, 1 TL Paprika, 1/4 TL Salbei, 2 Karotten, Sellerieknolle, 1 Zwiebel, 3 EL Öl, 3 kleine Paprikaschoten, gelb, grün und rot, Brühe, Tabasco.

Puterbrust mit Salz, Paprika und Salbei einreiben. Karotten, Sellerie und Zwiebel würfeln. Das Fleisch in heißem Öl von allen Seiten anbraten, das kleingewürfelte Gemüse aufgießen. Bei Mittelhitze im Backofen etwa 50–60 Minuten braten. Zwischendurch mehrmals etwas Brühe zugeben und den Braten begießen.
Die Paprikaschoten entkernen und in Ringe schneiden und später in die Sauce einlegen.
Kurz vor dem Garwerden das Fleisch aus der Pfanne nehmen, die Sauce passieren und mit Tabasco abschmecken. Das Fleisch wieder in die Sauce legen und fertigbraten.
Dazu passen: in zerlassener Butter geschwenkte Kartoffeln und Zucchinigemüse.

Gebratene Puterbrust

1000 g Puterbrust, Pfeffer, 1 TL Oregano, 1 EL Paprikapulver, ein besonderes Gewürz nach Geschmack, 5 EL Öl, 1 Zwiebel, Salz, 10 dünne Speckscheiben, 1 TL feingehackte Petersilie.

Die Puterbruststücke werden kurz unter fließendem Wasser gewaschen, dann trockengetupft und von allen Seiten mit möglichst frisch gemahlenem Pfeffer und dem Paprikapulver – und evtl. zusätzlich mit anderen Gewürzen – bestreut oder eingerieben.

In einer Bratenpfanne das Öl heiß werden lassen, die geschälte und feingewürfelte Zwiebel dazugeben und die Puterbruststücke einlegen und von allen Seiten gut anbraten. Puterbruststücke herausnehmen, salzen und mit den Speckscheiben belegt wieder in die Bratpfanne geben. Im Backofen bei Mittelhizte in 40 Minuten fertigbraten.
Sollen die Puterstücke recht schön braun werden, dann müssen sie einige Zeit vor der Beendigung der Bratzeit mit Zuckerlösung bepinselt werden.
Die Puterbruststücke auf eine Schüssel geben und vor dem Auftragen mit der feingehackten Petersilie bestreuen.

Gefüllte Puterbust »altdeutsche Art«

800 g Puterbrust mit Haut, 1/2 Stange Toastbrot oder Brötchen, 40 g Butter, 100 g Schinkenwürfel (gekocht), 3–4 Eier, 1 Bund Petersilie, Salz, Pfeffer, abgeriebene Zitrone, Muskat und Majoran, 1/8 l Sahne, 40 g Mehl.

Die Brust der Breite nach flach einschneiden (vorsichtig, nicht durchschneiden), aufklappen und etwas plattieren (klopfen).
Das von der Rinde befreite Toastbrot in Würfel schneiden, Butter zerlassen, die Würfel damit übergießen, die zerschlagenen Eier dazugeben und würzen. Dann die gehackte Petersilie daruntermengen.
Diese Füllung in die Brust geben, zuschlagen und die Haut gut darüberziehen und zusammenbinden. Salzen und pfeffern. In etwas Butter die Puterbrust anbraten, etwa 1/8 l Wasser hinzufügen. Immer wieder überschöpfen.
Die Brust vor dem Schneiden kurz ruhen lassen. Den Bratenfond mit Brühe angießen und passieren. Sauce mit Sahne und Mehl binden.
Dazu passen: Schwenkkartoffeln, Blattspinat oder feine Salate.

Gebratene Puterbrust mit Salbei und Sellerie

800 g Puterbrust, 1 TL Salz, Pfeffer, 1 TL Paprika, 1/4 TL Salbei, 2 Karotten, 1/2 Sellerieknolle, 1 Zwiebel, 3 EL Öl, 3 kleine Paprikaschoten (gelb, grün, rot), Brühe, Tabasco.

Puterbrust mit Salz, Paprika und Salbei einreiben. Karotten, Sellerie und Zwiebel würfeln. Das Fleisch in heißem Öl von allen Seiten anbraten, das kleingewürfelte Gemüse zugeben und mit etwas Brühe aufgießen. Bei Mittelhitze im Backofen etwa 50–60 Minuten braten. Zwischendurch mehrmals etwas Brühe zugeben und den Braten begießen.
Die Paprikaschoten entkernen und in Ringe schneiden und später in die Sauce einlegen. Kurz vor dem Garwerden das Fleisch aus der Pfanne nehmen, die Sauce passieren und mit Tabasco abschmecken. Das Fleisch wieder in die Sauce legen und fertigbraten. Dazu passen: in Butter geschwenkte Kartoffeln und Zucchinigemüse.

Ein 20-Minuten-Puterbrust-Gericht

375 g rohe Puterbrust (ohne Haut), 1/2 TL Curry, Mehl, 1 Zwiebel, 1 EL Öl, 1 EL Fett, Salz, 1/2 l süße Sahne, 1 EL Senf.

Das Puterbrustfleisch in 1 cm flache Scheiben schneiden und in Curry und Mehl wenden. Die Zwiebel schälen und fein hacken. Das Öl und Fett in die Pfanne geben und heiß werden lassen. Die flachen Puterscheiben einlegen und auf jeder Seite 2 Minuten braten. Fleisch herausnehmen, salzen und warm stellen.
Bratensaft in ein Töpfchen oder eine Tasse geben. Das Zwiebelhack in die Pfanne, 1 gehäuften TL Mehl darüberstäuben und 1 Minute rösten. Sahne, 1/2 Tasse Wasser, den Bratensaft und den Senf dazugeben, alles durchkochen und die so entstandene Sauce pikant abschmecken. Fleisch in die Sauce geben und erwärmen, aber nicht mehr kochen lassen. Auftragen, vorher mit gehacktem Kerbel bestreuen oder Petersilie oder einem anderen Küchenkraut. Dazu passen: beißfest gekochte grüne Nudeln, in die 50 g geriebener Käse eingemischt wurde.

Puterbrust mit Leberfüllung

*1 Puterbrust von etwa 750 g, 350 g Puterleber, 1 Banane,
Pfeffer, möglichst frisch gemahlen, 1 TL Salz,
1 TL Mehl, 4 EL süße Sahne.
1 TL Majoran, 2 EL Öl, 1 TL Paprika edelsüß, 1/4 l Brühe,*

In die Puterbrust mit einem Messer eine Tasche einschneiden.
Die Leber klein hacken, die Banane etwas zerdrücken, Pfeffer, Salz und Majoran dazugeben, alles vermischen und das Gemisch in die Tasche eingeben. Die Tasche mit einem Holzspan zustecken oder mit einem Faden zunähen. Dann das Bratenstück mit Öl bepinseln und in den vorgeheizten Bratofen bei 225 Grad etwa 60 Minuten braten.
Den Bratensaft mit der heißgemachten Brühe ablöschen und mit dem kalt angerührten Mehl und der Sahne binden.
Dazu passen: Kartoffelkroketten.

Puter-Pfirsich-Brust

*700 g Puterbrust, Salz, Pfeffer, 1 TL Paprika edelsüß,
2 EL Maiskeimöl, 2 EL Zucker, 1/8 l Pfirsichsaft,
6 EL Weinessig, je 1 Msp. Nelke, Zimt, Knoblauchzehe,
3 Zwiebeln, 3 Tomaten, 8 Pfirsichhälften.*

Die Puterbrust unter fließendem Wasser waschen und dann abtrocknen. Falls tiefgefroren, erst gründlich auftauen. Puterbrust mit Salz, Pfeffer und Paprika einreiben oder die Gewürze leicht einklopfen. Bratenpfanne vorwärmen, Fett heiß werden lassen und 10 Minuten lang rundherum kräftig anbraten. Braten herausnehmen und warm stellen.
Zucker in das Bratenfett geben und leicht bräunlich werden lassen (karamelisieren). Pfirsichsaft und den Weinessig vermischen und damit den Bratenfond ablöschen. Die Zwiebel und die Tomaten würfeln und alles zusammen mit den restlichen Gewürzen dazugeben und aufkochen lassen. Dann den Braten wieder hineingeben und in dieser Sauce etwa 90 Minuten lang bei mittlerer Hitze schmoren lassen. Braten nochmals herausnehmen und die Pfirsichhälften in der Sauce erwärmen und zusammen mit dem Braten auftragen.

Puterbrust »spanisch«

Pechuga de pavo

*4 Puterbrüste, Salz, Pfeffer, 2 EL Öl, 2 EL Cognac,
1 Tasse Öl, 2 feingehackte Zwiebeln,
2 zerdrückte Knoblauchzehen, 4 Puterlebern,
2 feingehackte Salbeiblätter, Salz, Pfeffer, 1 TL zerstoßener
Fenchelsamen, 2 TL zerriebener Thymian oder Oregano,
etwas Mehl zum Bestäuben, 4 Scheiben gekochter Schinken,
2 gute Schuß Sherry, geröstete Weißbrotwürfel.*

Die Puterbrüste salzen und pfeffern und dabei etwas eindrücken, mit Öl und Cognac netzen und kalt stellen.
In etwas heißem Öl Zwiebelhack und Knoblauch andünsten, die kleingeschnittenen Puterlebern und Salbei hinzugeben und über kleinem Feuer rösten, bis die Leber nicht mehr roh erscheint (nicht länger als 3 Minuten). Vom Feuer nehmen und in einem Porzellanmörser oder mit dem Holzstößel in einer festen Tasse zu Mus stoßen und mit Salz und Pfeffer, etwas Fenchelsamen und Thymian oder Oregano würzen.
Im restlichen sehr heißen Öl die mit etwas Mehl bestäubten Puterbrüste zwei Minuten auf einer Seite anbraten, das Lebermus auf eine Seite streichen, eine passende Scheibe Schinken darüberlegen und nach zwei weiteren Minuten den Sherry aufgießen. Die Pfanne zudecken und vom Feuer nehmen. Nach 1–2 Minuten auftragen, damit die Puterbrust nicht hart und zäh wird.
Auf angerösteten Weißbrotwürfeln und umgeben von separat zubereiteten grünen Erbsen oder auch mit einem Orangensalat reichen.

Eine Abwandlung

In Piemont wird gebratene Puterbrust mit feinen Trüffelscheiben oder anderen Pilzen belegt, mit geriebenem Käse (Pecorino) bestreut und für Sekunden in den Grill geschoben.

Puterpfeffersteaks mit Brokkoli in Butter

4 Putersteaks, schwarze Pfefferkörner, 50 g Bratenfett, 1 Paket tiefgekühlte Brokkoli, 30 g Butter.

Die Pfefferkörner grob zerkleinern. Dies geschieht am besten, indem man sie in ein Tuch gibt und mit der flachen Seite eines Gegenstandes zerschlägt. Es gibt aber auch fertiggeschroteten Pfeffer. Für dieses Gericht sollte man keinen gemahlenen Pfeffer verwenden, sondern eben geschroteten oder frisch zerschlagenen.

Den Pfeffer gut in die Steaks eindrücken. In einer heißen Pfanne das Fett zerlassen und heiß werden lassen. Die Steaks von beiden Seiten nur 1½–2 Minuten anbraten und dann die Pfanne zugedeckt zum Nachgaren etwa 5–6 Minuten beiseite stellen. Sollten die Putersteaks sehr dick sein, sollte die zugedeckte Pfanne noch einmal kurz 1 oder 2 Minuten auf die Herdplatte kommen.

Die gefrorenen Brokkoli aus dem Päckchen nehmen und in leicht gebräunter Butter braten. Falls Brokkoli nicht zu bekommen ist, kann man auch grüne Bohnen oder gedünsteten, in Butter geschwenkten Fenchel nehmen.

Dazu passen: Kartoffeln, die in Butter geschwenkt und mit Petersilie bestreut wurden.

Puterrostbraten

4 Putersteaks, 1 Flasche Bier, 2 kleine oder 1 große Zwiebel, Rahmsauce, 1 kleiner Becher süßer oder saurer Rahm, 1 EL Quark, 1 EL Zitronensaft, etwas feingehackte Zwiebel, 1 EL frisch gehackte Kräuter, 1 Prise Salz, 50 g Fett, Salz, Pfeffer, Worcestersauce, Tabasco.

Die Putersteaks ganz kurz unter fließendem Wasser abwaschen, tiefgefrorene vorher auftauen lassen, trockentupfen. Das Bier in eine Schüssel geben und die Steaks 15 Minuten einlegen, mehrmals wenden, damit das Bier an alle Stellen kommt.

Während dieser Zeit die Zwiebel schälen und kleinschneiden. Rahmsauce zubereiten. Quark, Rahm, Zitronensaft, feingehackte Zwiebel, Kräuter und Prise Salz in einer Pfanne vermengen und kurz aufkochen lassen.

Die Steaks in einer anderen Pfanne je 1½–2 Minuten von jeder Seite braten, mit Salz und Pfeffer würzen und auf einer vorgewärmten Platte warm stellen.
Im Bratenfond die kleingeschnittenen Zwiebeln schnell bräunen und mehrere Spritzer Worcestersauce sowie 3–4 Spritzer Tabasco dazugeben, evtl. etwas nachsalzen.
Die Rahmsauce dazugießen, einmal unter Umrühren aufkochen lassen und die nunmehr fertige Sauce über die Steaks geben und auftragen.
Dazu passen: Spätzle, deftige Bratkartoffeln und auch Salzkartoffeln.

Tropische Putersteaks

4 dicke Putersteaks, 75 g Schinkenspeck, 200 g grüne Paprikaschoten, 1 EL Sherry, 1–2 EL Orangensaft (frisch), Salz, Pfeffer, Paprika, 1 TL Curry, Mehl, ¼ l Ananassaft, ¼ l Sahne, 4 Scheiben Ananas (Dose), Pflanzenfett.

Speck und Paprikaschoten in Streifen schneiden, Speck anbraten, Paprika zugeben und dünsten. Mit Sherry und Orangensaft auffüllen, salzen und pfeffern. Etwa 10 Minuten garen und beiseite stellen.
Steaks halb einschneiden, auseinanderklappen und zu einer Scheibe verstreichen. In heißem Fett von jeder Seite 3 Minuten braten. Mit Salz und Paprika würzen. Aus der Pfanne nehmen und warm stellen.
Den Bratenfond mit etwas Mehl schwitzen und mit Ananassaft und etwas Wasser auffüllen. Mit Curry abschmecken und mit Sahne verfeinern. Fleisch und Ananas auf einer Platte anrichten, Paprikagemüse auf die Ananas verteilen und die Sauce gesondert reichen.
Dazu passen: Reis oder Stangenbrot.

Putersteaks mit Ananas

4 Putersteaks à 150 g, 1 TL Paprika edelsüß, Salz,
200 g Ananas in Scheiben.
Zum Grillen: 20 g Öl,
Zum Braten: 50 g Fett.

Grillen:

Die Putersteaks leicht flach klopfen und zum Grillen von allen Seiten mit Öl bepinseln und auf die heiße Grillplatte oder Grillstäbe legen und leicht von beiden Seiten rösten. Danach salzen und mit Paprika würzen. Dann auch die Ananasscheiben – vorher gut abtropfen lassen – mit Öl bepinseln, ebenfalls rösten.
Steaks und Ananasscheiben zusammen mit Salatblättchen oder Kresse evtl. Tomatenscheiben garniert, auftragen.

Braten:

Die Putersteaks leicht flach klopfen, Fett in der Pfanne recht heiß werden lassen und die Putersteaks einlegen. Auf beiden Seiten braten. Steaks herausnehmen und die Ananasscheiben, gut abgetropft, in das noch heiße Fett geben und ebenfalls gut braten.
Zusammen mit einer Garnierung auftragen.

Pfeffersteaks

4 schöne Putersteaks, Salz, Steakgewürz, 1 EL grüne Pfefferkörner, 1 EL feingehackten grünen Paprika, 1–2 Eier, Mehl, Butter.

Die Steaks auf einer Seite salzen und auf einer Seite »steaken« (d. h. mit dem Steakschlegel leicht klopfen) und mit Steakgewürz einreiben. Auf der gesteakten Seite die grünen Pfefferkörner etwas eindrücken. Dann die Steaks in Mehl wenden und durch das verschlagene Ei ziehen, das mit etwas Steakgewürz und dem feingehackten Paprika pikant gemacht wurde. In heißer Butter von jeder Seite etwa 3 Minuten braten.
Dazu passen: Reis, Teigwaren und frischer Salat.

Gegrillte Putersteaks

4 Putersteaks, 4 Tomaten, 50 g Champignons, etwas Grillfett.

Die Putersteaks kurz unter fließendem Wasser abwaschen und dann trockentupfen. Grillrost etwas einfetten und die Putersteaks von beiden Seiten etwa 4–5 Minuten lang grillen. Falls die Steaks zu dick sein sollten, empfiehlt es sich, diese, um ein gutes Durchgrillen zu erreichen, flach durchzuschneiden.
Während des Grillvorganges können am Grillrand halbierte Tomaten und Champignons mitgegrillt werden.

Putersteaks mit Spargel und jungen Erbsen

4 Putersteaks à 100 g, 1 TL Paprika edelsüß, 100 g Spargel, 100 g junge Erbsen, 1 TL gehackte Kräuter.

Zum Grillen: 20 g Öl.
Zum Braten: 50 g Fett.

Grillen:
Die Putersteaks leicht flach klopfen und mit Öl bepinseln. Auf die heiße Grillplatte oder die heißen Grillstäbe legen und von beiden Seiten rösten. Erst danach salzen und würzen.

Braten:
Die Putersteaks leicht flach klopfen. In der Pfanne das Fett recht heiß werden lassen und die Steaks einlegen und von beiden Seiten braten.

Putersteaks – ob gegrillt oder gebraten – in Alufolie legen, fertigen Spargel und die jungen Erbsen, beide gut abgetropft, dazugeben. Die Alufolie gut herumlegen und verschließen. Leicht mit Wasser beträufelt in die vorgeheizte Ofenröhre geben und einige Minuten durchziehen lassen.
Beim Auftragen mit den gehackten Kräutern bestreuen.

Puterröllchen »Smitane«

8 kleine Puterschnitzel à etwa 80 g, 300 g Champignons frisch oder aus der Dose, 100 g gekochter Schinken – gewürfelt, 1/4 l Sahne, 100 g Mehl, 1 Zwiebel, 1 Ei, 1 l Brühe, Salz, Pfeffer, Zitronensaft, Fondor nach Geschmack.

Champignons fein hacken. Zwiebel in etwas Fett angehen lassen, Champignons und den gewürfelten Schinken dazugeben und mit Salz, Pfeffer, Zitronensaft und Fondor abschmecken. Leicht mit etwas Sahne und Mehl binden. Am Schluß ein Eigelb unterziehen. Schnitzel dünn klopfen, mit der Füllung bestreichen und zusammenrollen und mit Schnur zusammenbinden oder mit Holzspießchen stecken. Salzen, pfeffern und von allen Seiten in einem Topf braten. Herausnehmen, aus dem Bratenfond mit Zwiebel und etwas Mehl eine Sauce ansetzen, mit Brühe aufgießen. Wenn mit Rahmsauce aus der Tüte gebunden wird, bitte kein Mehl beim Ansetzen benutzen. Puterröllchen in die Sauce hineinlegen und gar ziehen lassen. Röllchen herausnehmen, Sauce passieren, mit Sahne verfeinern und mit etwas Zitronensaft abschmecken und über die Röllchen gießen.
Dazu passen: Butternudeln, Kartoffelpüree, Spätzle, Salate.

Puterschnitzel »Pariser Art«

120–150 g Puterschnitzel pro Person, 2 Eier, 50 g Mehl, 80 g Öl, 40 g Butter, Salz und Pfeffer.

Puterschnitzel etwas klopfen, würzen und im Mehl wenden, durch das aufgeschlagene Ei ziehen und in eine Pfanne mit heißem Öl geben. Von beiden Seiten goldgelb braten und am Schluß in Butter wenden.
Dazu passen: Spargel (Spargelzeit) und alle frischen Gemüse, Petersilienkartoffeln.

Blätterteigpastetchen mit Puterragout

4 Blätterteigpastetchen (Fertigprodukt), 2 kleine Dosen Champignons, 10 grüne gefüllte Oliven, 4 Puterschnitzel von je 150 g, 4 EL Butter oder Margarine, 8 EL Sahne, Salz, weißer Pfeffer, Zitronensaft.

Die Blätterteigpastetchen im auf 200 Grad vorgeheizten Backofen in ca. 10 Minuten warm werden lassen.
Inzwischen für die Füllung die abgetropften Champignons und Oliven in Scheibchen schneiden. Das Puterfleisch schnetzeln. Butter oder Margarine in einer Pfanne erhitzen. Das Fleisch darin in 2 Minuten anbraten. Die Pilze und Oliven hinzufügen und erhitzen. Mit der Sahne ablöschen und mit Salz, Pfeffer und Zitronensaft abschmecken.
Das Putergeschnetzelte in die Blätterteigpastetchen einfüllen.

Champignon-Puterschnitzel

4 dickliche Puterschnitzel à etwa 80 g, Salz, Pfeffer aus der Mühle, 1 EL Butter, 1/4 Zwiebel, 200 g frische Champignons (notfalls aus der Dose, dann gut abgetropft), Saft 1 Zitrone, Salz, 1/2 TL zerdrückte grüne Pfefferkörner, 1/2 zerdrückte Knoblauchzehe, 1 kleines Glas Weinbrand, 2 EL geriebenes Weißbrot, 1 Eigelb, 2 EL Öl.

Zum Weinteig: 100 g Mehl, 2 Eier, 1 Glas Weißwein, 1 Bund Petersilie, 1 Bund Dill, geriebene Muskatnuß.

Puterschnitzel leicht klopfen, dann mit scharfem Messer flach eine Tasche einschneiden. Würzen. Butter zerlaufen lassen und die in kleine Würfel geschnittene Zwiebel darin anschwitzen, die in Scheiben geschnittenen Champignons zugeben und anschwitzen, bis die Flüssigkeit verdunstet ist. Die grünen Pfefferkörner und die Knoblauchzehe zugeben, mit dem Weinbrand ablöschen und flambieren. Flambieren gelingt nur, wenn der Weinbrand vorher genügend warm gemacht wird. Champignons erkalten lassen. Zur Bindung das geriebene Weißbrot und das Eigelb unterziehen, salzen. Diese Masse in die Puterschnitzel einfüllen.

Für den Weinteig das Mehl mit dem Eigelb und dem Weißwein glattrühren, gehackte Kräuter untermischen. Das Eiweiß und das Eiweiß von der Bindung der Champignons sehr steif schlagen und unter den Teig heben. Die Schnitzel darin wenden und in heißem Öl ausbacken.

Puter mit süß-saurer Sauce

1000 g Puterbrust oder -schenkel, 6 EL Öl (60 g), 1/2 l heiße Fleischbrühe aus Würfeln, 2 große Zwiebeln (100 g), 4 EL Weinessig, 2 EL Zucker (40 g), je eine Messerspitze gemahlene Nelken, gemahlener Zimt und Senfpulver, 1 kräftige Prise Knoblauchsalz, Salz, weißer Pfeffer, Cayennepfeffer, 2 EL Paprikamark (40 g).

Puterfleisch kurz abspülen, falls tiefgefroren, vorher auftauen lassen, mit Haushaltspapier trockentupfen.
Öl in einem großen Topf oder Bratenpfanne erhitzen und das Puterfleisch darin bei starker Hitze 5 Minuten lang rundum anbraten. Temperatur herunterschalten und die Fleischbrühe zugießen. Bei geringer Hitze das Fleisch etwa 30 Minuten lang schmoren lassen. Danach das Fleisch von den Knochen lösen und zugedeckt warm stellen.
Zwiebeln schälen, würfeln und in einen Topf geben. Bratenfond und Weinessig darübergießen, alle Gewürze und das Paprikamark einrühren. Sauce einmal aufkochen lassen und das Fleisch einlegen und zugedeckt 15 Minuten darin ziehen lassen. In einer vorgewärmten Schüssel sofort auftragen.
Dazu passen: Chicoréesalat mit Mandarinen und körnig gekochter Reis oder Weißbrot.

Wiener Puterschnitzel

4 Scheiben Puterschnitzelfleisch, Salz, Pfeffer, Paprika, Zitronensaft, 1 Ei, Mehl, Semmelbrösel, Backfett oder Butterschmalz.

Schnitzelfleisch von beiden Seiten mit Salz, Pfeffer und etwas Paprika bestreuen, durch verschlagenes Ei ziehen, Semmelbrösel mit etwas Mehl vermischen und die Schnitzel darin wenden. Panade rundherum festdrücken und in reichlich Backfett oder Butterschmalz goldbraun ausbacken. Jedes Schnitzel mit 2 Zitronenscheiben anrichten. Ohne Soße mit frischem Salat servieren. Als Beilage Kartoffelsalat.

Ungarisches Putersteak

4 Puterschnitzelscheiben, 2–3 Zwiebeln, eingelegten roten Paprika, 1 grüne Paprikaschote, Ketchup, Salz, Pfeffer, Paprika, Petersilie, Chinagewürz, 4 EL Rahm, Backfett.

Zwiebeln in Ringe schneiden und in heißem Fett leicht anrösten. Die entkernte, in Streifen geschnittene Paprikaschote zugeben, weiterdünsten, dann die zerschnittenen roten Paprikastücke zugeben. Mit Salz, Pfeffer, etwas Paprika und Chinagewürz würzen und mit Ketchup leicht abschmecken. Mit etwas Brühe oder restlicher Bratensoße auffüllen. Warm stellen. Die Schnitzel leicht salzen, pfeffern und mit wenig Paprika bestreuen, in heißem Fett schnell garen. Beim Anrichten die Soße über die Schnitzel geben. Dazu körnig gekochten Reis und Gurkensalat reichen.

Puterschnitzel »Baltimore«

4 Puterschnitzel, Salz, Pfeffer, Paprikapulver, 3 Paprikaschoten grün oder rot, 2 Zwiebeln, 50 g Butter oder Margarine oder 2 EL Öl, 3 EL Weißwein.

Puterschnitzel abwaschen, abtupfen und mit Salz, Pfeffer und Paprikapulver einreiben. Fett in der Pfanne heiß werden lassen und die Schnitzel von jeder Seite etwa 1½ Minuten braten lassen. Dann die angebratenen Schnitzel herausnehmen. Die Zwiebeln schälen und die Paprikaschoten ausnehmen. Dann Zwiebeln und Paprikaschoten in Streifen schneiden, in der Pfanne kurz anbraten und nach Zugabe des Weißweins in diesem garen. Das Fleisch wieder hineingeben und alles zwei Minuten lang, ohne zu kochen, ziehen lassen.

Puterschnitzel auf Südtiroler Art

4 Puterschnitzel, Salz, Pfeffer, Mehl, Öl, 1 Glas Weißwein, etwas Rosmarin, 1 TL Tomatenmark oder 2 frische durch ein Sieb gedrückte Tomaten.

Die Puterschnitzel ganz kurz unter fließendem Wasser abwaschen, falls tiefgefroren, vorher auftauen lassen, mit Küchenkrepp oder einem Tuch trockentupfen. Wenn die Schnitzel etwas dick sind, vorsichtig flach klopfen. Würzen, kurz in Mehl wenden, in heißem Öl kurz auf beiden Seiten anbraten, Wein zugießen. Rosmarin beifügen und das Gericht zugedeckt 20 Minuten lang leise schmoren lassen. Tomatenmark dazugeben und 5 Minuten weiterdünsten.
Dazu passen Spaghetti mit Parmesankäse und grüner Salat sowie eine Flasche italienischer roter Wein.

Puterpilaw orientalisch

1000–1500 g Puterbrust und Puterschlegel, 2 Zwiebeln (80 g), je 1 grüne und rote Paprikaschote (120 g), 250 g Tomaten, Salz, 40 g Butter oder Margarine, 200 g Reis, $^3/_4$ l heiße Fleischbrühe aus Würfeln, 1 Prise Safran, Salz, weißer Pfeffer.

Pilaw ist ein sehr beliebtes, orientalisches Reisgericht, das mit Puterfleisch besonders gut schmeckt. Wer Abwechslung im Speisezettel liebt, sollte es einmal versuchen.
Puter innen und außen unter fließendem Wasser, falls tiefgefroren, vorher auftauen, waschen. Puterteile in gleicher Weise vorbereiten. Nach dem Waschen trockentupfen.
Zwiebeln schälen und feinwürfeln. Paprikaschoten halbieren, putzen, waschen und in Streifen schneiden. Tomaten brühen, abziehen, vierteln und entkernen.
Mit einem scharfen Messer Puter oder Puterteile in 8 Stücke teilen. Salzen. Butter oder Margarine in feuerfester Form erhitzen. Puterteile darin rundherum hellbraun anbraten. Zwiebelwürfel zugeben. Reis waschen, abtropfen lassen und zu den Puterteilen geben. 5 Minuten mitdünsten lassen. Mit Brühe auffüllen. Paprikaschoten und Tomatenviertel dazugeben. 1 EL Brühe abnehmen

und Safran darin auflösen. Salz und Pfeffer zufügen und zusammen in den Topf geben. Zudecken und die feuerfeste Form in die mittlere Schiene des Bratofens einschieben und das Gericht etwa 30 Minuten lang backen lassen.
Das Gericht soll nach Fertigstellung feucht, aber nicht mehr suppig sein.
Dazu paßt: Grüner Salat oder Salat nach Jahreszeit.

Puterschnitzel auf Polenta

8 Puterschnitzel à 70 g, Salz, 50 g Butter, 200 g Maisgrieß, 200 g Parmesankäse, Fett für die Form, Pfeffer, 3 EL Mehl, 4 EL Öl, 250 g Tomaten, $^1/_2$ TL Salbei, 2 Ecken Sahneschmelzkäse, 1 Zweig glatte Petersilie.

1 Liter gesalzenes Wasser mit der Butter zum Kochen bringen. Den Grieß unter Rühren zugeben und 45 Minuten bei schwacher Hitze ausquellen lassen. Parmesankäse reiben und unter den Grießbrei rühren. Die Polenta in eine gefettete, flache, feuerfeste Form füllen.
Die Schnitzel mit Salz und Pfeffer würzen, in Mehl wenden und in Öl von jeder Seite $1^1/_2$ Minuten braten, falls dicke Scheiben 2 Minuten. Pfanne vom Herd nehmen, zudecken und weitere 5 Minuten zum Nachgaren beiseite stellen. Tomaten in Scheiben schneiden und mit den gebratenen Schnitzeln auf der Polenta anrichten. Mit zerriebenem Salbei und Pfeffer bestreuen und mit Käseflöckchen belegen. Im vorgeheizten Backofen bei 200 Grad 15 Minuten überbacken. Mit Petersilie garniert auftragen.

Ragoûtfin aus Puterfleisch

Für 6 (oder 4) Personen und etwas auf Vorrat zubereitet.

Ragoût fin ist ein ganz besonders schmackhaftes Ragout. Trotz seines noblen französischen Namens ist es aber eine aus der Berliner Küche – genauer aus der ehemaligen kaiserlichen Küche in Berlin – stammende Spezialität.
Üblicherweise wird es aus Kalbfleisch, Kalbszunge, Kalbsbries und Hühnerbrust in weißer Rahmsoße zubereitet. Es läßt sich aber auf-

grund der vielen Fleischarten des Puters ganz ausgezeichnet allein aus Puterfleisch, unbedingt aber von verschiedenen Körperteilen, gut zubereiten.
Ragoût fin kann gut als Hauptmahlzeit aufgetragen werden, ist aber fast zu schade dazu. Es ist, in echte Muscheln gefüllt und mit geriebenem Käse und Semmelbröseln überbacken oder in Blätterteigpastetchen eingefüllt und ebenfalls im Ofen überbacken, *das* Vorgericht für besondere Küchenansprüche.
Da Ragoût fin auch aufgewärmt bzw. ein zweites Mal überbacken sehr gut schmeckt, empfiehlt es sich, gleich eine größere Menge – nachstehendes Rezept – zu bereiten.

400 g Puterbrustfleisch oder 200 g Brustfleisch und 200 g Puterflügelfleisch, 300 g Puterkeule, 1 größeres Bund Suppengrün (180 g), 1 größere Zwiebel, 1/2 Lorbeerblatt.

Für die Soße: 50 g Butter, 60 g Mehl, 1/2 l Puterbrühe, Salz, Brühwürfel, weißer Pfeffer, 200 g Champignons aus der Dose, 1 Eigelb, 1 kleinerer Becher Sahne (100 g), Saft einer halben Zitrone.

Das Puterfleisch ganz kurz unter fließendem Wasser waschen, falls tiefgefroren, vorher völlig auftauen lassen, Suppengrün putzen, ganz kurz ebenfalls unter fließendem Wasser abspülen.
Zwiebel schälen und mit dem Lorbeerblatt spicken. Das Fleisch und das Suppengrün und die gespickte Zwiebel in einen größeren Topf geben. Inhalt mit Wasser bedecken, salzen, aufkochen lassen. Dann zugedeckt 75 Minuten lang kochen.
Fleisch aus dem Topf nehmen, abtropfen lassen, Haut von der Puterkeule entfernen, in knapp 1 cm kleine Würfel schneiden und warm stellen. Die Brühe durchsieben und 1/2 l abmessen. Für die Soße Butter in einem anderen Topf erhitzen. Das Mehl auf einmal reinschütten und unter ständigem Rühren 3 Minuten lang durchschwitzen lassen.
Von der restlichen Brühe einen Schuß abgießen und 8 Minuten kochen lassen. Mit Salz und Pfeffer abschmecken und Topf vom Herd nehmen. Die Champignons aus der Dose in ein Sieb geben und gut abtropfen lassen. Falls die Pilze zu groß sind, diese halbieren oder vierteln oder in Scheibchen schneiden. Zusammen mit

dem in etwas Brühe aufgelösten Suppenwürfeln in die Soße geben und erhitzen. Das Eigelb in einem Gefäß mit dem Becher Sahne und etwas Soße verquirlen und zusammen mit Zitronensaft in das Ragout einrühren.
Das Ragout nochmals bis kurz vorm Kochen erhitzen und, wenn als Hauptmahlzeit gedacht, unter Beigabe von körnig gekochtem Reis in einer besonderen Schüssel heiß auftragen.
Als Hauptmahlzeit ist dieses Gericht fast zu schade, zumal die Zubereitung doch ziemlich viel Zeit und Arbeit erfordet, denn Ragoût fin ist eines der besten und schmackhaftesten Vorgerichte, die es gibt. Dies ist besonders der Fall, wenn es in echte Muscheln flach eingefüllt und im gut vorgeheizten Ofen bei kräftiger Oberhitze, nachdem die Oberfläche mit Semmelbröseln, geriebenem Emmentaler und Butterflöckchen bestreut wurde, kräftig braun überbacken wurde. Auch als Füllung guter Blätterteigpasteten ist Bagoût fin sehr beliebt und geschätzt.
Beim Auftragen von Ragoût fin wird stets, ob in Muscheln oder Pasteten, eine Flasche Worcestersoße beigestellt, und jeder kann sich nach Geschmack mehrere Tupfer oder einen kleinen Schuß davon dazu- oder darübergeben.

Königsberger Puterklopse

250 g Puterbrust oder Puterunterschenkel,
250 g Rinderhackfleisch, 2 kleine eingeweichte, ausgedrückte Brötchen oder Paniermehl, 2 Eigelb, Salz, Pfeffer,
1 Zwiebel, etwas Butter, 2 l Salzwasser oder Brühe Instant.
Für die Sauce: 1/2 l Brühe, 2 Beutel helle Sauce Instant,
1 kleines Glas Weißwein, Saft einer Zitrone, 1 Prise Zucker,
1–2 Eigelb, 1/8 l saure Sahne, 4–5 EL Kapern.

Das Puterfleisch roh in ganz kleine Würfelchen schneiden oder durch den Fleischwolf geben. Zusammen mit dem Rinderhackfleisch, eingeweichten, ausgedrückten Brötchen, Eigelb, Salz, Pfeffer und der feingehackten, in Butter gedünsteten Zwiebel, in eine große Schüssel geben, alles zu einem Fleischteig verarbeiten und daraus nicht zu große Klopse formen.
Die Klopse in der Brühe gar ziehen lassen (nicht kochen, da sie sonst zerfallen).

Für die Sauce die Brühe erhitzen und das Saucenpulver unter Rühren einstreuen. Mit Weißwein, Zitronensaft und 1 Prise Zukker abschmecken. Eigelb mit saurer Sahne verrühren und mit den Kapern in die Sauce geben.
Die Klopse noch einmal in der Sauce heiß werden lassen.
Man kann in den Fleischteig je nach Geschmack auch feingehackte Sardellen, Salzheringe oder Sardellenpaste geben.
Dazu passen: mehlige Kartoffeln.

Schwäbische Puterröllchen

4 Puterstücke, à 100 g, 2 Eier, Salz, weißer gemahlener Pfeffer, 1 Paar rohe Bratwürste, 4 EL süße Sahne, etwas geriebener Muskat, 250 g frische Champignons oder die gleiche Menge aus der Dose, gut abgetropft, 1 Zwiebel, 1 EL Öl, 25 g Räucherspeckwürfel, 1 TL Tomatenmark, 2 gehäufte TL Mehl, 1/8 l Weißwein, 1/4 l Brühe aus Brühwürfel.

Die 4 Puterbruststücke waschen, trockentupfen und flach durchschneiden, so daß sich acht flache Schnitzel ergeben. Die Eier hart kochen (10 Minuten), entschalen und vierteln. Die Schnitzel leicht klopfen und mit Salz und Pfeffer würzen. Die Bratwürste aufschneiden und die Masse mit Sahne und Muskatabrieb vermengen und die Schnitzel damit dünn bestreichen. Ein Eiviertel auf jedes Schnitzel legen und dieses dann um das Eiviertel herumrollen und je ein Holzspießchen so durchstecken, daß das Röllchen gut festgehalten ist.
Die frischen Champignons putzen, nur wenn unbedingt notwendig waschen, und in feine Scheiben schneiden, die Zwiebel schälen und fein hacken. Die Puterröllchen rundherum gut anbraten und dann aus der Pfanne nehmen. Die Speckwürfel auslassen und die feingehackten Zwiebelwürfel darin hellgelb braten. Das Tomatenmark einrühren und danach das Mehl überstäuben und bräunen und mit Weißwein und Brühe aufkochen. Die Puterröllchen und die Champignons darin langsam zugedeckt 30–40 Minuten schmoren lassen und dann in einer Schüssel anrichten. Die Soße mit der Sahne verrühren, abschmecken und evtl. nachwürzen und über die Röllchen gießen.

Dazu schmecken Spätzle und ein Salat nach Jahreszeit oder Feldsalat nicht nur gut, sondern sind eine Ergänzung dieses schwäbischen Gerichts, das – mit Kalbfleisch – 1972 auf der Internationalen Kochkunstausstellung den 2. Preis bekam.

Puterrouladen

4 Puterrouladenscheiben aus Puterbrustfleisch dünn geschnitten, Salz, Pfeffer, Paprikapulver, Senf, 4 Zwiebeln, 4 Tomaten, 1 Gewürzgurke, 4 Scheiben Puterlachsschinken oder geräucherter Bauchspeck, 50 g Pflanzenfett, 1 Brühwürfel, 2 Karotten oder Mohrrüben, 5–6 Pfefferkörner, 3–4 Pimentkörner und 1 Lorbeerblatt, 4 EL Rahm oder Madeira, evtl. 20 g Mehl.

4 Rouladenscheiben aus Puterbrust, falls zu dick, dünn klopfen, mit Salz, Pfeffer und Paprika würzen – am besten etwas einreiben oder mit einklopfen – und mit Senf bestreichen.
Dann eine Füllung bereiten aus 2 Zwiebeln, 2 Tomaten und die Gewürzgurke in Streifen schneiden, in vier Portionen teilen und jede mit einem Scheibchen Puterlachsschinken oder Bauchspeck umwickeln. Dann jedes Päckchen auf eine der Rouladenscheiben legen und diese zur Roulade um die Füllung wickeln. Jede Roulade mit einem Zwirnfaden umbinden oder mit einem Holzspießchen so durchstechen, daß alles gut zusammenhält.
In einer Pfanne das Pflanzenfett gut heiß werden lassen und die Rouladen hineingeben und rundherum kurz anbraten.
Aus Brühwürfel etwas heiße Brühe bereiten und etwas davon zugießen. 20 Minuten lang die Rouladen schmoren lassen. Danach Rouladen herausnehmen und warm stellen. Die restlichen Zwiebeln, Karotten oder Möhren und Tomaten würfeln und anschmoren. Die restliche Brühe dazugeben und alles unter Beigabe der Pfefferkörner, Pimentkörner und dem Lorbeerblatt gut durchkochen lassen. Die entstandene Soße durch ein Sieb geben, abschmecken und evtl. nachwürzen und je nach Wunsch mit Rahm oder Madeira verfeinern, evtl. mit etwas kalt angerührtem Mehl binden.

Puterpfeffersteak

4 Putersteaks, 1 TL frisch geschroteter Pfeffer, 1 TL grüner Pfeffer aus der Dose, 30 g Fett, 2 EL Weißwein, Salz.

Putersteaks ganz kurz unter fließendem Wasser abwaschen, tiefgefrorene vorher auftauen, trockentupfen und mit frisch geschrotetem Pfeffer bestreuen oder darin wenden. Falls die Steaks etwas dick sind, leicht flachklopfen und dabei den geschroteten Pfeffer teilweise mit einklopfen. Fett in einer Pfanne heiß werden lassen und die Steaks hineingeben und von jeder Seite 1½ bis 2 Minuten braten und dann salzen. Die Steaks danach aus der Pfanne nehmen und warm stellen. Grünen Pfeffer aus der Dose (ist nicht nur scharf, sondern aromatischer als andere Pfeffersorten) in die Pfanne geben und mit Weißwein ablöschen. Die Steaks wieder in die Pfanne geben und Deckel auflegen und so etwa 1 Minute dünsten.
Dazu passen: Pommes chips und frischer Salat oder Salat nach Jahreszeit.

Putersteak nach Weinhändlerart

4 Putersteaks, Salz, Pfeffer, Macisblüte, 50 g Weintrauben, zum Anrichten: Weinblätter, evtl. eingelegte, 4 EL Weißwein, 1 EL Madeira, 40 g Fett.

Die Putersteaks ganz kurz unter fließendem Wasser abwaschen, tiefgefrorene vorher auftauen, trockentupfen, falls die Steaks zu dick sind, diese etwas flachklopfen. Fett in der Pfanne heiß werden lassen und die Steaks von jeder Seite 1½ bis 2 Minuten braten. Dann aus der Pfanne nehmen und mild mit Salz, Pfeffer und Macisblüte würzen. Weißwein und Weintrauben in die Pfanne geben und diese gut andünsten, wobei die Flüssigkeit etwas einkochen soll. Dann Madeira dazugeben, die Steaks nochmals einlegen, einen Deckel auf die Pfanne geben und etwa 1 Minute dünsten.
Die fertigen Steaks auf Weinblätter anrichten und körnigen Safranreis dazu reichen.

Putersteaks »Doppel-Spezial«

4 Putersteaks, Pfeffer, 4 Scheiben Puterlachs, etwa 20 kleine frische Champignons, notfalls gleiche Menge aus der Dose, dann aber gut abgetropft, 50 g Butter, Salz, 6 EL Weißwein, 4 EL Kraftbrühe aus einem Würfel bereitet, 4 EL Sauerrahm.

Die Putersteaks flach aufschneiden und leicht flachdrücken oder flachklopfen, mit etwas Pfeffer würzen. In die Einschnitte je einen Puterlachsschinken und 4–5 evtl. halbierte Champignons in die Einschnitte einlegen und gut zuklappen. In einer Kasserolle Butter zergehen lassen und die »Doppel-Spezial-Steaks« hineingeben, ohne daß sie Farbe annehmen anbraten, und bei geschlossenem Deckel 3–4 Minuten dünsten. Dann herausnehmen und salzen, mit Weißwein ablöschen und etwas einköcheln lassen, mit Kraftsoße (aus Würfel) und Sauerrahm durchkochen.
Dazu passen Spätzle, Pistazienreis und Salat, evtl. mit Spargel garniert.

Putersteaks »Ticino«

4 Puterschnitzel, à etwa 150 g, 1 Ei, Pfeffer, 3 EL Mehl, 4 EL Öl, Salz, 4 Scheiben roher Schinken, 4 Scheiben Emmentaler Käse.

Die Puterschnitzel kurz unter fließendem Wasser waschen, tiefgefrorene vorher auftauen lassen, trockentupfen und dann erst in verquirltem, gewürztem Ei und dann in Mehl wenden. Vorsichtig abklopfen. Das Öl in einer Pfanne heiß werden lassen und die Puterschnitzel pro Seite etwa 2 Minuten lang anbraten. Mit je einer Schinkenscheibe bedecken und eine Käsescheibe darüberlegen. Im vorgeheizten Ofen bei etwa 250 Grad auf gefettetem Backblech oder unterm Grill rund 8 Minuten lang überbacken, bis der Käse zu schmelzen beginnt. Mit etwas Petersilie garniert auftragen.

Puterschnitzel mit Mandarinen

Für 2 Personen

2 Puterschnitzel von je 150 g, Salz, weißer Pfeffer (möglichst aus der Pfeffermühle), 2 EL Butter oder Margarine, je $^1/_2$ TL Paprika edelsüß und Curry, 1 kleine Dose Mandarinen, 2 EL süße Sahne, 1 Prise Ingwer (gemahlen), 1 EL blättrig geschnittene Mandeln.

Die Schnitzel auf beiden Seiten leicht salzen und pfeffern. Butter oder Margarine in einer Pfanne erhitzen. Die Schnitzel darin von jeder Seite zwei Minuten braten. Aus der Pfanne nehmen und warm stellen. Die Pfanne vom Herd nehmen und Paprika und Curry zum Fett rühren. Die abgetropften Mandarinen in die Pfanne geben. Kurz erhitzen. Etwas Mandarinensaft und die Sahne hineinrühren. Mit Salz, Pfeffer und Ingwer abschmecken. Die Schnitzel dann wieder in die Pfanne geben und kurz durchziehen lassen. Zum Schluß mit den Mandelblättchen bestreuen.

Toast mit Puterschnitzel

Für 2 Personen

2 Puterschnitzel von je 150 g, Salz, Pfeffer, 2 EL Öl, Paprika, 1 kleine Paprikaschote, 1 Zwiebel, 1 Zucchini, 2 Scheiben Mischbrot, 2 TL Butter oder Margarine, 3 EL geriebener Schweizer Käse oder Parmesankäse, 1 TL Butter oder Margarine.

Den Backofen auf 250 Grad oder den Grill auf höchste Stufe vorheizen. Die Puterschnitzel von beiden Seiten mit Salz und Pfeffer einreiben. Öl in einer Pfanne erhitzen. Die Schnitzel darin von beiden Seiten je 2 Minuten braten. Aus der Pfanne nehmen und warm stellen. Die Pfanne vom Herd nehmen und das Paprikapulver mit dem Fett verrühren. Die Paprikaschote halbieren, putzen, waschen und in feine Streifen schneiden. Die Zwiebel schälen und in Ringe schneiden. Die Zucchini waschen und mit der Schale ebenfalls in Scheiben schneiden. Das Gemüse in der Pfanne 5 Minuten durchschmoren lassen. Die Brote mit Butter oder Margarine bestreichen. Die Hälfte des Gemüses daraufgeben. Die Schnitzel obenauflegen. Mit dem restlichen Gemüse bedecken. Zum Schluß

Käse und Fettflöckchen darüberstreuen. Im Backofen oder Grill so lange überbacken, bis der Käse goldgelb ist.

Putergeschnetzeltes

Geschnetzeltes (schweizerisch = Kleingeschnittenes) ist ein Gericht, das für Puterfleisch wie geschaffen erscheint. Während Geschnetzeltes sonst mit Kalbfleisch zubereitet wird, das mitunter etwas fad im Geschmack sein kann, kommen bei diesem Gericht der besondere, eigenartige Eigengeschmack des Puterbrustfleisches und dessen Zartheit voll zur geschmacklichen Geltung.
Wer das Geschnetzelte etwas markanter haben möchte, kann eine sehr kleingeschnittene Keule dazugeben.
Geschnetzeltes kann auf drei Arten zubereitet werden – mit Cannellonisauce, mit Möhren und in der weltberühmt gewordenen Form des »Schweizer Geschnetzelten mit Sahnesauce«. Nachstehend alle drei Rezepte.

Zürcher Putergeschnetzeltes

750 g Puterbrust, 1 große Zwiebel (etwa 50 g), 30 g Butter oder Margarine, 1 gehäufter EL Mehl (15 g), knapp $^1/_8$ l Weißwein, Salz, weißer Pfeffer, 1 Becher Sahne (125 g), $^1/_4$ Bund Petersilie, Paprika, edelsüß, zum Bestäuben vor dem Auftragen des fertigen Gerichtes.

Puterbrust kurz unter kaltem Wasser abspülen und gut mit einem Tuch oder Haushaltspapier abtrocknen. Dann schräg zur Faser ganz fein schneiden oder »schnetzeln« – auf ein Brett legen und schräg jeweils eine Art kleine Scheiben abschneiden –. Dieses Geschnetzelte oder Kleingeschnittene zur Seite stellen.
Die Zwiebel schälen und sehr fein hacken. Butter oder Margarine in einer großen Pfanne erhitzen und das Zwiebelhack zwei Minuten lang unter dauerndem Rühren glasig braten. Das Putergeschnetzelte zugeben und in fünf Minuten unter häufigem Wenden bräunen lassen.
Dann das Mehl darüberstreuen und völlig unterrühren. Die heiße Fleischbrühe und den Wein dazu eingießen und alles stark erhit-

zen, aber nicht kochen lassen, und Salz und Pfeffer nach Geschmack dazugeben.
Petersilie unter kaltem Wasser abspülen, in einem Tuch trockentupfen und mit einer Schere fein schneiden oder fein hacken. Die Sahne in die Sauce einrühren und alles nochmals erhitzen, aber auf keinen Fall mehr kochen lassen, da sonst die Sahne gerinnen würde.
Das Geschnetzelte in eine vorgewärmte Schüssel geben, mit der kleingehackten Petersilie überstreuen, Paprika überstäuben und sofort auftragen.

Beschwipste Puterbrust im Tontopf

750 g Puterbrust, 100 g Speck, 1 große Zwiebel, 1/4 l Weißwein, 2 cl Weinbrand, 2 EL Öl, 2 große Karotten, 1 mittlerer Sellerie, 1 Stange Lauch, 6 Knoblauchzehen, 400 g frische Champignons, Salz, Pfeffer, 1 TL Thymian, 1 frisches Bund Petersilie.

Die Puterbrust in grobe Stücke, den Speck und die Zwiebeln in kleine Würfel schneiden. Mit dem Weißwein, dem Weinbrand und dem Öl 12 Stunden marinieren.
Karotten, Sellerie, Lauch und Knoblauch in Scheiben schneiden und mit den Champignons mischen. Das marinierte Fleisch herausnehmen und mit dem Gemüse schichtweise in einen gutgewässerten Römertopf einlegen. Gewürze und Petersilie zugeben. Die Marinade aufkochen und darübergießen und bei 180 Grad etwa 2 Stunden garen.

Puterbrust »Kapstädter Art«

750 g Puterbrust, 20 g Speck, 3 EL feingeschnittene Zwiebeln, 10 g Butter, 1 l Fleischbrühe, 50 g Mehl, 25 g Butter, 2 Bund Suppengrün, 2 Ingwerfrüchte, etwas Ingwersirup, 1 Dose Bohnen, 4 Tomaten, 1 Blumenkohl. Salz, Pfeffer, 1 TL Majoran, 2 TL gehackte Petersilie,

Die Puterbrust in 3 l Salzwasser etwa 1 Stunde kochen.
Den Speck und die Zwiebeln in der Butter anschwitzen, mit der

Fleischbrühe auffüllen. Mehl und Butter verkneten, zugeben und mit den Gewürzen verkochen.
Bohnen etwas kleinschneiden. Tomaten häuten (vorher überbrühen) und in große Stücke schneiden. Vom Blumenkohl große Röschen schneiden und kochen. Bohnen, Tomaten, Blumenkohl und Ingwer in die Sauce geben. Die geschnittene Puterbrust mit der Sauce übergießen und auftragen.

Puterschnitzel in Weißwein

4 Puterschnitzel (500 g), Salz, Pfeffer, Knoblauch, 50 g durchwachsener Speck, 1 EL Öl, 2 Zwiebeln, 200 g frische Champignons oder aus der Dose, $^3/_8$ l Weißwein, 1 Lorbeerblatt, 1 EL Kirschwasser, 30 g Mehl, $^1/_4$ l süße Sahne.

Die Puterschnitzel mit Salz, Pfeffer und Knoblauch würzen. Speckwürfel in Öl ausbraten, dann die Puterschnitzel hineingeben und darin anbraten. Zwiebelwürfel mitdünsten. Geputzte, ganze Champignons oder abgetropfte aus der Dose, Wein und das Lorbeerblatt zugeben. 20 Minuten schmoren.
Fleisch auf einer Platte anrichten, mit Kirschwasser beträufeln. Sauce mit angerührtem Mehl und Sahne binden, mit Salz, Pfeffer und Knoblauch würzen. Über die Schnitzel gießen.
Dazu passen: Körnig gekochter Reis und Gurkensalat.

Puterbrust gefüllt

1 ganze Puterbrust ohne Knochen von etwa 800 g, Salz, scharfer Senf.

Für die Füllung: 150 g Puter- oder Kalbsleber, 1 Zwiebel (50 g), 20 g Butter, 1 eingeweichtes Brötchen, 1 Bund Petersilie, Salz, Pfeffer, 20 g Butter zum Bestreichen.

Puterbrust innen und außen unter fließendem Wasser abspülen, falls tiefgefroren, vorher auftauen lassen. Mit Haushaltspapier gut abtrocknen. Die Innenseiten mit Salz einreiben und mit Senf bestreichen.

Für die Füllung die Puter- oder Kalbsleber mit Haushaltspapier abtupfen und in kleine Würfel schneiden. Zusammen mit der geschälten, feingewürfelten Zwiebel in der Butter 5 Minuten braten. Eingeweichtes Brötchen ausdrücken. Petersilie waschen, abtropfen lassen und hacken. Alles miteinander zu einer Farce mischen und diese salzen und pfeffern und zu einem Kloß formen. Auf eine Innenseite der Puterbrust legen und die andere Seite darüberklappen. Puterbrust mit einem festen Faden gut zunähen. Auf einen Rost legen. Über einer Fettpfanne in die mittlere Schiene eines vorgeheizten Ofens schieben. Das Gericht wird aber genauso gut in einer Bratenpfanne.
Puterbrust anfangs mit Butter bestreichen, dann mit Bratenfond begießen. Sollte die Haut zu schnell braun werden, muß man sie mit Pergamentpapier oder Alufolie abdecken, 10 Minuten vor dem Ende der Garzeit aber wieder entfernen, um die Bräunung nicht zu verhindern. Wenn man die Puterbrust mit Salzwasser bestreicht, wird die Haut besonders knusprig.
Dazu passen: Petersilienkartoffeln und Rosenkohl.

Puterfleisch geschmort nach Pekinger Art

500 g Puterfilet.

Für die Beize: 3 EL Sojasauce (30 g), 1 EL Reiswein oder Sherry.

Außerdem: 1/4 l Öl, 2 EL Mehl (20 g), 2 Stangen Lauch (400 g), 2 Knoblauchzehen, Salz, 1 EL Ingwersirup (10 g), 1/2 TL Ingwerpulver, 2 EL Sojasauce, 1 Messerspitze gemahlener Anis, 1/8 l Fleischbrühe aus Würfel, 1 TL Speisestärke.

Dieses Gericht ist nicht hundertprozentig original-chinesisch. Es wurde, wie vieles, was bei uns in chinesischen Restaurants angeboten wird, auf dem Weg von China über Amerika nach Europa westlichem Geschmack angepaßt. Dennoch vermittelt es einen Hauch von asiatischer Küche.
Puterfilet unter kaltem Wasser abspülen und trockentupfen. Schräg zur Faser in hauchdünne Scheiben schneiden. Für die Beize Sojasauce und Reiswein oder Sherry in einer tiefen Schüssel vermen-

gen, das Fleisch hineingeben und zugedeckt 60 Minuten ziehen lassen.
Das Öl in einer Pfanne erhitzen, Fleisch aus der Beize nehmen und gut abtropfen lassen, mit Mehl bestäuben und im Fett schwimmend 3 Minuten lang anbraten. Fleisch rausnehmen, abtropfen lassen und beiseite stellen.
Vom Bratenfett 4 EL abnehmen und in eine andere Pfanne geben. Den Rest weggießen.
Lauch putzen, waschen und in Ringe schneiden. Knoblauchzehen schälen und mit Salz zerdrücken. Fett erhitzen und Lauch und Knoblauch dazugeben. 5 Minuten unter Rühren braten. Mit Fleisch mischen. Mit Ingwersirup, Ingwerpulver, Sojasauce und Anis würzen. Fleischbrühe darübergießen. Zugedeckt 60 Minuten ziehen lassen.
Dann alles in einem Topf zum Kochen bringen. Die mit wenig Wasser glattgerührte Speisestärke darunterrühren und einmal aufkochen lassen. Fleisch abschmecken und in eine vorgewärmte Schüssel geben und sofort auftragen.

Maisauflauf

4 Puterschnitzel von je 150 g, Salz, Pfeffer, Butter oder Margarine, 6 Tomaten, 2 kleine Dosen Maiskörner, 6 EL Sahne, 2 Eigelb, 4 EL gehackte Petersilie, 6 EL Paniermehl.

Backofen vorheizen. Puterschnitzel grob würfeln, salzen und pfeffern. 2 Minuten anbraten.
Tomaten häuten und in Scheiben schneiden. Auf den Boden einer eingefetteten Form legen. Darauf das Puterfleisch und den Mais verteilen. Sahne, Eigelbe und Petersilie vermischen. Salzen und pfeffern, darübergießen. Mit Paniermehl und Fettflöckchen bestreuen. Den Auflauf goldgelb überbacken.

Wiener Puterschnitzel

4 Scheiben Schnitzel aus Brustfleisch, Salz, Pfeffer, Paprika, Zitronensaft, 1 Ei, Mehl, Semmelbrösel, Backfett oder Butterschmalz.

Schnitzelfleisch von beiden Seiten mit Salz, Pfeffer und etwas Paprika bestreuen und durch das verschlagene Ei ziehen, Semmelbrösel mit etwas Mehl vermischen und die Schnitzel darin wenden. Paniermischung rundherum festdrücken und in reichlich Backfett oder Butterschmalz goldbraun ausbacken. Jedes Schnitzel mit 2 Zitronenscheiben anrichten. Ohne Sauce mit frischem Salat auftragen.

Dazu passen: Kartoffelsalat oder Bratkartoffeln.

Puterschnitzel à la Holstein

(Für 1 Person)

1 dickes Puterschnitzel, etwas Salz, Pfeffer, 20 g Butter, 100 g grüne Bohnen, 50 g Champignons, 20 g Butter, 2 Scheiben Weißbrot, etwas Butter zum Bestreichen, Zum Belegen des Schnitzels: Räucherlachs, Kaviar, Ölsardinen, Krebsschwänze oder Krabben, 1 Ei, 1 Sardellenfilet.

Das Schnitzel leicht salzen, pfeffern und in heißer Butter von jeder Seite etwa 2½ Minuten braten und Pfanne zugedeckt 5 Minuten zum Nachgaren beiseite stellen.
Während dieser Zeit die Bohnen in etwas Salzwasser garen und die geputzten Champignons in der Butter im eigenen Saft dünsten.
Die Weißbrotscheiben mit Butter bestreichen, diagonal durchschneiden und mit Kaviar, Ölsardinen, Räucherlachs und Krabben oder Krebsschwänzen belegen. Ein Spiegelei braten, aufs Schnitzel legen und aufs Eigelb eine Sardellenrolle setzen (die Sardelle evtl. etwas wässern).
Auf einen gut vorgewärmten Teller legen und rundherum die Bohnen, Pilze und Weißbrotecken anrichten.

Schweizer Puterrouladen mit gedünsteten Tomaten

4 große dünne Scheiben Puterschnitzel, Salz, Pfeffer, 4 Scheiben Chesterkäse, Salbeiblätter, Holzspießchen, 60 g Bratenfett, 4 Tomaten, Schnittlauch.

Die Puterschnitzel salzen und pfeffern. Jedes Schnitzel mit einer Scheibe Käse belegen. Salbeiblätter auf den Käse krümeln. Schnitzel aufrollen und mit Holzspießchen zusammenstecken. Rouladen in heißem Fett von allen Seiten braten. Nach etwa 10 Minuten Tomatenscheiben mit in die Pfanne legen und noch etwa 5 Minuten mitbraten.
Zum Anrichten die Tomaten mit gehacktem Schnittlauch bestreuen.
Dazu paßt: Körnig gekochter Reis aus dem Kochbeutel, der gut abgetropft in zerlassener Butter geschwenkt wird, und ein Glas Bier oder Moselwein.

Putersteaks mit Pilzen

4 Putersteaks, 400 g Champignons (Dose), 60 g Butter, 3 Zwiebeln, 8 EL Kaffeesahne, je 3 TL Fleischextrakt und Senf, 3 TL Tomatenmark, Salz, Pfeffer, 4 TL Öl.

Champignons gut abtropfen lassen, in der Hälfte der Butter drei Minuten bei starker Hitze dünsten. Zwiebelwürfel mitgaren. Pilzwasser, Sahne, Fleischextrakt, Senf und Tomatenmark unterrühren, salzen und pfeffern. Kräftig durchkochen.
Fleisch salzen und pfeffern, in Butter und Öl sechs Minuten braten. Mit den Pilzen anrichten.
Dazu passen: Reis und ein guter Salat.

Ungarische Putersteaks

4 Schnitzelscheiben, 2–3 Zwiebeln, eingelegter roter Paprika, 1 grüne Paprikaschote, Ketchup, Salz, Pfeffer, Paprika, Petersilie, Chinagewürz, 4 EL Rahm, Backfett.

Zwiebeln in Ringe schneiden und in heißem Fett leicht anrösten. Die entkernte, in Streifen geschnittene Paprikaschote zugeben, wei-

terdünsten, dann die zerschnittenen roten Paprikastücke zugeben. Mit Salz, Pfeffer, etwas Paprika und Chinagewürz würzen und mit Ketchup leicht abschmecken. Mit etwas Brühe oder restlicher Bratensauce auffüllen und warm stellen. Die Schnitzel leicht salzen, pfeffern und mit wenig Paprika bestreuen, in heißem Fett schnell garen.
Beim Anrichten die Sauce über die Schnitzel geben.
Dazu passen: Körnig gekochter Reis und Gurkensalat.

Puterfleisch mit güner Sauce (Frankfurter)

750 g Puterfleisch aus Brust oder Schenkel, 1 l Wasser, Salz, 1 Zwiebel (40 g), 1 Lorbeerblatt, 4 Nelken, 1 Bund Suppengrün (150 g), 5 Pfefferkörner.
Für die grüne Sauce: Je 2 Stengel Borretsch, Estragon, Kerbel, Liebstöckel und Pimpinelle, 5 Stengel Petersilie, 10 g Sauerampfer oder 2 Stengel Zitronenmelisse, 3 Stengel Dill, 1 Bund Schnittlauch, 4 hartgekochte Eier, 1/2 TL scharfer Senf, 2 EL Essig, Salz, 1 Prise Zucker, 6 EL Öl (60 g).

Puterfleisch unter kaltem Wasser abspülen. Wasser in einem großen Topf aufkochen und salzen. Fleisch reingeben. Dazu die geschälte, mit Lorbeerblatt und Nelken gespickte Zwiebel und das geputzte, gewaschene Suppengrün und die Pfefferkörner. Fleisch zugedeckt 90 Minuten leise kochen lassen.
In der Zwischenzeit für die grüne Sauce alle Kräuter abbrausen und trockentupfen. Borretsch, Estragon, Kerbel, Liebstöckel, Pimpinelle, Petersilie und Sauerampfer oder Zitronenmelisse hacken. Dill und Schnittlauch fein schneiden. Eier schälen und fein hacken. Senf in eine Schüssel geben. Mit Essig, Salz und Zucker verrühren. Langsam das Öl unterrühren. Eier und Kräuter untermischen. Fleisch aus dem Topf nehmen, Haut entfernen und abtropfen lassen. In etwa 1 cm dicke Scheiben schneiden. Auf einer vorgewärmten Platte anrichten. Mit etwas durchgesiebter Brühe begießen und sofort auftragen.
Die grüne Sauce wird getrennt dazu gereicht.

Puterbrust mit Madeiragelee

250 g geräucherte Puterbrust (Puterlachs), 1/8 l Madeira (Wein), 3 Blatt weiße Gelatine, 12 Scheiben Stangenweißbrot (360 g), Butter, Pfeffer aus der Pfeffermühle.

Madeira in einem Topf leicht erwärmen. Gelatine in einer Schüssel mit Wasser einweichen, ausdrücken, in wenig Madeira in einer Tasse lösen und in den Madeira im Topf rühren. Im Kühlschrank gelieren lassen. Das dauert etwa 2 Stunden.
Puterbrust in sehr feine Scheiben schneiden. Weißbrotscheiben hell toasten und dünn bebuttern. Reichlich mit Puterbrustscheiben belegen. Leicht pfeffern. Madeiragelee stürzen, grob hacken. Puterbrustschnitten damit bestreuen.
Dazu passen: Cumberlandsauce und Waldorfsalat.

Ražnjići

(jugoslawisches Grillgericht)

350 g Puterbrust- oder -schenkelfleisch, 350 g Kalbfleisch, 3 Zwiebeln (120 g), je 1 grüne und rote Paprikaschote (je 100 g), 16 kleine Lorbeerblätter.

Für die Marinade: 2 Zwiebeln (80 g), 1 Knoblauchzehe, 5 EL Öl (50 g), 1 EL Zitronensaft, Salz, schwarzer Pfeffer, Paprika, rosenscharf und eselsüß, 1 Lorbeerblatt.

Ražnjići ist eine bekannte und beliebte Spezialität der guten Balkanküche. Durch die Mitverwendung von Puterfleisch gewinnt dieses beliebte Balkangrillgericht.
Fleisch abspülen, mit Haushaltspapier abtrocknen. Beide Fleischsorten in 3 cm große Würfel schneiden und in eine Schüssel geben. Für die Marinade Zwiebeln und Knoblauchzehe schälen und fein hacken. Mit Öl, Zitronensaft, Salz, Pfeffer und je einer kräftigen Prise Paprika, rosenscharf und edelsüß, in einer Schüssel verrühren. Zwiebeln, Knoblauchzehe und Lorbeerblatt dazugeben. Fleischstücke, 1–2mal leicht umrühren, darin 60 Minuten zugedeckt Marinade einziehen lassen.

In der Zwischenzeit Zwiebeln schälen und vierteln. Paprikaschoten halbieren, ausputzen, waschen und abgetropft in große Stücke schneiden.
Die abgetrockneten Fleischwürfel abwechselnd mit Zwiebelvierteln und Lorbeerblättern auf 4 Spieße stecken und diese mit Marinade bestreichen. Auf den Grillrost legen. Evtl. Griffe müssen außerhalb der Heizzone liegen. Auf jeder Seite 10 Minuten grillen und dabei zwischendurch immer wieder etwas Marinade darüberstreichen.

Putergeschnetzeltes Ibn Saud

500 g Puterbrust, 1 mittelgroßer Apfel, 1 Banane, 1 große oder 2 kleine Ananasscheiben, 1 Stück Ingwer, 1 EL Mango-Chutney, 1 Zwiebel, 100 g Butter, 2 TL Honig oder Zucker, Salz, Pfeffer oder Curry oder 2 Tüten Currysauce.

Das feingeschnittene Brustfleisch, falls zu dick, flachschneiden, kurz in der Butter anbraten, bis es nicht mehr rosa, sondern weiß aussieht, herausnehmen und warm halten.
Im gleichen Topf die geschnittene Zwiebel glasig dünsten, die geschnittenen Früchte und den Honig bzw. Zucker dazugeben, durchschmoren lassen.
Entweder 2 Tüten Currysauce nach Vorschrift kochen oder selbst Currysauce wie folgt herstellen: 40 g Butter oder Margarine zerlassen, 1 gehäufter TL Curry und 50 g Mehl dazu, mit $^1/_2$ l Wasser aufgießen und 10 Minuten leicht kochen lassen. Mit Salz abschmecken.
Currysauce zum Obst geben und das warmgehaltene Fleisch darunterheben. Nicht mehr kochen lassen.
Dazu passen: Reis, Salate.

Chinesisches Puterragout

750 g Puterbrust, 2 kleinere Zwiebeln, 3 EL Madeira, 3 EL Sojasauce, 10 Tropfen Tabasco, $^1/_4$ TL Zucker, 1 EL Stärkemehl, 3–4 EL Öl, 2 EL Wasser, 2 EL gehackte Nüsse.

Puterfleisch klein würfeln und mit dem Stärkemehl und den gehackten Zwiebeln vermengen. 3 EL Madeira mit 2 EL Wasser mi-

schen und darüber verteilen. Öl in einer breiten Pfanne heiß werden lassen. Puterfleisch einlegen und unter Rühren bei starker Hitze etwa 3 Minuten braten. Sojasauce, Tabasco und Zucker zugeben und nochmals 2–3 Minuten braten, dann die Nüsse darüberstreuen. Falls erforderlich, einige Tropfen Wasser zugeben.
Mit Reis anrichten.

Puterfrikassee in Muscheln überbacken

300 g Puterbrust, 4 Eier.
Für die Frikasseesauce: 30 g Butter, 40 g Mehl,
$^{1}/_{4}$ l heiße Fleischbrühe aus Würfeln, $^{1}/_{8}$ l Milch, Salz,
weißer Pfeffer, geriebene Muskatnuß, $^{1}/_{2}$ EL Zitronensaft,
1 Röhrchen Kapern, 1 Sardelle, 1 Eigelb, 2 EL Sahne,
Margarine zum Einfetten.
Zum Bestreuen und Belegen: 2 EL Semmelbrösel,
4 EL geriebener Emmentaler Käse (40 g), 1 EL Butter (10 g).

Die Puterbrust braten, falls zu dick, vorher flachschneiden, danach leicht salzen und in kleine Würfel schneiden. Die Eier in 10 Minuten hart kochen, schälen, abkühlen lassen und ebenfalls würfeln.
Für die Frikasseesauce Butter im Topf erhitzen. Mehl reinrühren und hellgelb schwitzen. Unter Rühren die heiße Fleischbrühe angießen. Milch auffüllen. 5 Minuten leicht kochen lassen. Mit Salz, weißem Pfeffer und etwas Muskat abschmecken. Zitronensaft, abgetropfte Kapern, gehackte Sardelle dazugeben. Eigelb und Sahne mit etwas Frikasseesauce im Becher verrühren. Topf vom Herd nehmen und die Eigelbmischung einrühren, bis kurz vorm Kochen erhitzen und vom Herd nehmen.
4 große oder 6 kleine Muschelformen mit Margarine einfetten. Frikassee darin verteilen. Erst mit Semmelbröseln, dann mit Käse bestreuen. Zum Schluß mit kleinen Butterflöckchen belegen. Auf den Rost in den vorgeheizten Ofen auf die mittlere Schiene stellen.
Das Frikassee kann auch in Timbalen – kleinen feuerfesten Formen – zubereitet werden, doch schmeckt Frikassee aus natürlichen Muscheln – wohl durch die Flachheit der Form – am besten.

Puterbrüste nach griechischer Geflügelzüchterart

300 g Puterbrust, 4 Auberginen, Salz, Zitrone, Raki (oder ersatzweise Weinbrand), 1 Ei, 1 TL gehackte Kräuter, 1 EL Zwiebackmehl, Salz, Paprika, Koriander, etwas Butter.

Puterbrust klein hacken und mit Ei, Kräutern, Zwiebackmehl, Salz, Koriander und Paprika schmackhaft vermengen.
Von den Auberginen die obere Seite entfernen und aushöhlen. Salzen und mit Zitrone und Raki oder Weinbrand beträufeln. Die Masse in die Auberginen füllen, mit Zwiebackmehl bestreuen, mit Butterflöckchen bestecken und in der heißen Röhre etwa 20 Minuten bei 220 Grad langsam garen. Um ein Austrocknen zu vermeiden, evtl. mit Alufolie abdecken.
Dazu passen: gekochter Reis und Tomatensauce.

Putergeschnetzeltes in Cannellonisauce

Dieses Rezept ist etwas für Liebhaber neuer, wenig bekannter, fremder Gerichte. Es stammt aus dem Grenzgebiet zwischen Italien und der Schweiz, dem Tessin, und vereinigt die Vorteile der Küche beider Länder

400 g erstklassige Puterbrust, 2 EL Öl (20 g) oder 20 g Margarine, Salz, Pfeffer.
Für die Sauce: 50 g durchwachsener Speck, 1 Zwiebel (40 g), 1 kleine Knoblauchzehe, Salz, 2 Tomaten (150 g), 100 g frische Champignons, notfalls gut abgetropfte aus der Dose, 1 EL Olivenöl (10 g), 2 EL Tomatenmark (30 g), 2 EL Rotwein, 1/4 l Wasser, Pfeffer, 2 EL geriebener Parmesankäse (20 g).

Bei diesem Gericht geht es umgekehrt zu. Zuerst wird die Sauce zubereitet und dann das Fleisch.
Speck und geschälte Zwiebel fein würfeln. Knoblauchzehe mit Salz zerdrücken. Die Tomaten mit heißem Wasser übergießen und die Haut abziehen und nach Herausschneiden der Stengelansätze eben-

falls würfeln. Champignons putzen und fein zerschneiden oder bei Dosenchampignons diese gut abtropfen lassen.
Öl in der Bratenpfanne erhitzen und alles gut, aber kurz anbraten. Tomatenmark, Rotwein und das Wasser dazugeben und alles 15 Minuten lang bei geringer Hitze kochen lassen, bis die entstehende Sauce sämig wird. Mit Pfeffer abschmecken und den geriebenen Parmesankäse einrühren.
Während die Sauce kocht, wird die Puterbrust zubereitet. Zuerst wird das Fleisch unter kaltem Wasser abgewaschen und dann mit einem Tuch trockengerieben. Ist die Puterbrust sehr dick, dann wird sie nur von oben mit dicht nebeneinanderliegenden Schnitten in schmale Streifen geschnitten, sonst muß man sie flachklopfen und dann in etwa 2 Zentimeter breite Streifen schneiden. Öl oder Margarine in einer Pfanne erhitzen und die Puterbruststreifen 10 Minuten lang darin braten. Mit Salz und Pfeffer überwürzen und in die Cannellonisauce geben und auftragen.

PUTERFLEISCH ALLER ART UND PUTERTEILE

(Ober- und Unterschenkel, Flügel)

Puterflügelschenkel gegrillt oder gebraten

Das weiße Fleisch der Fügelschenkel – die Puter werden so groß, daß man von den Flügelansätzen als Flügelschenkel sprechen kann – ist ganz besonders schmackhaft und aromatisch.
Es eignet sich gleich gut zum Grillen und zum Braten.

4 Puterflügelschenkel, Pfeffer, Paprika, 50 g Butter, Margarine oder Öl.

Die Puterflügelschenkel waschen, abtrocknen, falls tiefgefroren, vorher auftauen lassen, und dann mit Pfeffer und Paprikapulver gründlich einreiben. Dann werden die Puterflügelschenkel etwa 10 Minuten lang bei hoher Hitze, am besten am Grillspieß oder in der Pfanne, zubereitet.

Sollen die Puterflügelschenkel in der Pfanne gebraten werden, so muß vor dem Einlegen der Stücke die Butter, die Margarine oder das Öl gut erhitzt werden. Dann kurz von beiden Seiten heiß anbraten und bei mittlerer Hitze – je nach Größe – 10–15 Minuten gar braten. Dann werden die Flügelschenkel gesalzen und aufgetragen.
Will man die im Fleisch sehr hellen Flügelschenkel recht braun auf den Tisch bringen, empfiehlt es sich, die Stücke einige Zeit vor der Beendigung des Bratens mit einer Zuckerlösung zu bepinseln.

Puterflügel mit Maronen

Je nach der Zahl der Tischgäste legt man eine Anzahl von Puterflügeln in eine mit zerlassener Butter ausgestrichene Kasserolle, fügt ein Kalbskotelett hinzu, 2 Zwiebeln, Pfeffer und Salz. Nachdem das Fleisch sich langsam gebräunt hat, entfernt man das Kotelett und die Zwiebeln. Über die Puterflügel, die in dem Saft dämpfen, gießt man eine gute Tasse Fleischbrühe und ebensoviel Weißwein, so daß die Flügel davon bedeckt sind, fügt 1 Zwiebel mit 2 Gewürznelken, etwas Thymian und Petersilie hinzu, eine Tasse Bratensauce, am besten von dem Puter selbst, 2 EL Tomatensauce, 2 Likörgläschen Cognac und ungefähr 40 gekochte oder geröstete abgeschälte Maronen.
Das Ganze läßt man $2^1/_2$ Stunden schmoren. Ungefähr 1 Stunde vor Ablauf dieser Zeit gibt man in dieses Ragout 1 Puterleber, die man zuvor in frischer Butter schnell gedämpft und mit etwas Zitronensaft beträufelt hat, hinein.
Beim Anrichten gibt man das Fleisch und die Maronen auf eine heiße Schüssel, entfettet die eingekochte Sauce, drückt sie durch ein Haarsieb und übergießt damit das Ragout.
Labskaus ist *das* Matrosenessen aus früheren Zeiten und wird in Norddeutschland noch gern gegessen.

Puterlabskaus

1500 g fertiges Puterpökelfleisch oder selbstgepökeltes, 1 Lorbeerblatt, 3–4 Pfefferkörner, 1500 g Kartoffeln, 4 Zwiebeln, 20 g Schmalz, 4–5 Matjesfilets, 6–7 nicht zu große Salzgurken, 500 g rote Bete aus dem Glas, pro Person 1 Spiegelei und 1 Rollmops.

Zum Braten: etwas Butter.

Das Pökelfleisch waschen und in einen Topf mit so viel Wasser geben, daß das Fleisch gerade bedeckt ist. Mit Lorbeerblatt und Pfefferkörnern in etwa 1½ Stunden bei kleiner Hitze und geschlossenem Topf garen.
Man kann das Puterfleisch auch selbst pökeln, indem man es in eine selbst bereitete Pökellake aus 1½ l Wasser mit 200–250 g Salz, 3 g Salpeter und 10 g Würfelzucker, alles zusammen aufgekocht und dann erkaltet, legt. Die Lake muß 2–3 Tage voll über dem Fleisch stehen.
Die Kartoffeln mit der Schale garen, abpellen und noch heiß durch die Kartoffelpresse drücken. Die Zwiebeln durch die grobe Scheibe des Fleischwolfes drehen und in dem Schmalz glasig werden lassen. Damit das Gericht nicht zu salzig wird, müssen die Matjesfilets kurze Zeit gewässert werden. Dann das Pökelfleisch zusammen mit den Gurken durch den Wolf drehen und mit den Zwiebeln unter die Kartoffeln rühren. Sollte die Masse zu fest geworden sein, muß man eine Schöpfkelle voll heißer Fleischbrühe hinzugeben. Zum Schluß die roten Bete durch die Maschine geben, dabei aber vorher den Saft etwas ablaufen lassen, und vorsichtig unter das Labskaus ziehen.
In einer gut vorgewärmten Schüssel bergartig anrichten und pro Person ein Spiegelei darauflegen.
Die Rollmöpse auf einem Extrateller anrichten und dazu reichen.

Puterschenkel auf Hammelart

1500 g Puterschenkel (Ober- und Unterschenkel zusammen), 8 feingestoßene Wacholderbeeren, 3 Lorbeerblätter, 20 Pfefferkörner, 1/2 TL gemahlene Nelken, Thymian, 100 g geriebene Zwiebeln, 125 g Räucherspeck, 125 g Butter, 1/8 l saure Sahne, 25 g Speisestärke, etwas Rotwein, Salz, Pfeffer. Für die Marinade: 1/2 l kräftiger Rotwein, 1/2 l Weinessig, 20 grüne Pfefferkörner.

Den Puterschenkel von allen Häuten und dem evtl. Fett befreien. Dann mit den feingestoßenen oder gemahlenen Gewürzen und den geriebenen Zwiebeln einreiben.
Anschließend in einen Tontopf legen. Die Rotwein-Essig-Pfeffer-Mischung darübergießen und das Fleisch 3–4 Tage unter täglichem Wenden marinieren lassen.
Dann den Puterschenkel abtrocknen, mit Speckstücken bespicken oder mit dünnen Speckscheiben umwickeln und in den Backofen schieben und bei etwa 200 Grad 60–80 Minuten braten.
Während des Bratens den Schenkel umdrehen und zwischendurch 3–4mal mit 1 EL saurer Sahne begießen. Nach Bedarf etwas Fleischbrühe zufügen.
Den Bratenfond durch ein Sieb gießen, mit Speisestärke binden und kräftig mit Rotwein und den Gewürzen abschmecken und auftragen.

Hamburger Puterragout

Etwa 1200 g Puterfleisch (Ober- oder Unterschenkel), Salz, Pfeffer, 4 dünne Scheiben Speck, 1/2 l Hühnerbrühe Instant. Für die Sauce: 2 Beutel helle Sauce Instant, 3/8 l Hühnerbrühe, 2 Gläschen Weißwein, Salz, Pfeffer, Nelkenpfeffer, 2 EL gehackte Pilze, 1 kleine Dose Spargel.

Puterfleisch waschen und trockentupfen. Innen und außen mit Salz und Pfeffer einreiben, mit Speckscheiben umwickeln und diese festbinden. Das Puterfleisch in einen Topf geben, Brühe übergießen

und 30 Minuten dünsten. Speckscheiben entfernen und das Puterfleisch in Portionsstücke zerteilen.
Helle Sauce in der Hühnerbrühe und dem Weißwein zubereiten und mit den Gewürzen abschmecken. Zuletzt die gehackten Pilze und den Spargel hinzugeben und alles in der Sauce aufkochen. Über die Puterportionen füllen.
Man kann auch Muscheln dazufügen.

Eifeler Puterbraten

(Für 4–6 Personen)

1500 g ausgebeinte Puterschenkel, 100–150 g fetter Speck, 2 Gläschen Doppelwacholderschnaps, 4 Wacholderbeeren, Salz, Pfeffer, Majoran, 2 Zwiebeln, 2 Tassen Wasser, 1 Tasse Rotwein, Zitronenscheiben, Brombeergelee, $^1/_8$ l saure Sahne.

Den Puterschenkel ausbeinen und mit dünnen Speckscheiben belegt aufrollen und zusammenbinden. 1 Gläschen Wacholderschnaps übergießen. Mit zerdrückten Wacholderbeeren, Salz, Pfeffer und Majoran einreiben. In eine Bratenpfanne geben, mit heißer Butter übergießen und bei starker Hitze rundherum gut anbraten. Die Zwiebeln fein hacken, hinzufügen und goldbraun braten lassen. Mit Wasser und Rotwein ablöschen und bei milder Hitze gut durchbraten. Während der Bratenzeit öfter wenden und mit kaltem Wasser und Bratenfond begießen.
Die Speckscheiben entfernen. Den Braten auf einer vorgewärmten Platte anrichten, mit Wacholderschnaps übergießen, diesen (vorgewärmt) anzünden und abbrennen. Fleisch in dicke Scheiben schneiden und mit Zitronenscheiben und Brombeergelee anrichten.
Den Bratenfond entfetten, durch ein Sieb geben und mit der sauren Sahne verrühren und mit Gewürzen abschmecken.
Dazu passen: Kartoffelpüree und Apfelmus.

Puterkuskus »Kairouan«

(Für 6 Personen)

900 g Puterfleisch (alle Stücke geeignet, am besten aber Brust, Schenkel und andere Teile gemischt), 400 g Lammfleisch zum Schmoren, 5 Möhren, 2 Zwiebeln, 2 Paprikaschoten, 5 EL Öl, Zimtpulver, 300 g ausgehülste frische junge Erbsen oder Tiefkühlerbsen, Cayennepfeffer, 1/2 l Fleischbrühe, 375 g Kuskus (Weizenschrot – in Delikateßgeschäften und Reformhäusern erhältlich) oder selbst geschrotet), 1 Dose Kichererbsen, 1 Prise Safran.

Das Puterfleisch unter fließendem Wasser kurz waschen, falls tiefgefroren, vorher auftauen lassen, und trockentupfen. In Portionsstücke zerteilen. Das abgetupfte Lammfleisch in gulaschgroße Stükke schneiden. Möhren putzen und in Scheiben schneiden. Zwiebeln schälen und ebenfalls quer in Scheibchen schneiden, diese aber zu Ringen auseinandermachen. Die Paprikaschoten waschen, entkernen und in kleine Stücke oder Streifen teilen. Das Öl in einer Bratenpfanne oder einer größeren, feuerfesten Schale erhitzen und zuerst die Zwiebelringe hineingeben. Die Puter- und die Lammstücke salzen und rundum im heißen Fett anbräunen lassen. Das Gemüse und alle Gewürze (außer Kichererbsen und Safran) zugeben, etwas Fleischbrühe zufügen und bei kleiner Hitze im Ofen etwa eine Stunde schmoren lassen.
Inzwischen Kuskus heiß waschen, nachquellen lassen und in ein Sieb geben, das gut in einen Topf hineinragt. In dem Topf Wasser zum Kochen bringen, Deckel auf das Sieb geben und den Siebinhalt etwa 15 Minuten im Dampf garen lassen. Den fertigen Kuskus mit den übrigen Zutaten sowie den abgetropften Kichererbsen, Brühe und Safran vermengen, abschmecken und evtl. nachwürzen und noch einmal kurz erhitzen.

Puter in Rotwein

1500–2000 g Puterunterschenkel, -hälse oder -flügel, 250 g Zwiebeln, 250 g Champignons, frische oder 1 Dose, 1/2 l einfacher Rotwein, Salz, Pfeffer, etwas Knoblauchzehe, 50 g Butter.

Puterteile in der Butter von allen Seiten anbräunen, aus der Pfanne nehmen, Zwiebeln hacken und weich schmoren.
Puterteile in feuerfeste Form legen. Zwiebeln und in wenig Wasser gekochte Champignons darübertun, salzen, pfeffern, mit Knoblauch würzen (nicht zu sparsam), Rotwein darübergießen, Deckel schließen und bei milder Hitze etwa 1 Stunde garen lassen.
Dieses Gericht eignet sich besonders für Elektroherd mit Zeitschaltuhr und eignet sich dann als Schnellgericht besonders für Berufstätige.
Dazu passen: Kartoffeln oder Reis und Salat.

Puterklößchen mit Estragonsauce

700 g Puterfleisch, Brust, Schenkel, Flügel, 1 1/2 l Wasser, Salz, 50 g fetter Speck, 1 kleine Zwiebel (30 g), 50 g Semmelbrösel, 2 Eier, Pfeffer, Paprika, edelsüß, 1/2 TL getrockneter, zerriebener Estragon, 1/2 Bund Petersilie, 1 l Puterbrühe.

Für die Sauce: 30 g Butter oder Margarine, 30 g Mehl, Salz, Streuwürze, geriebene Muskatnuß, 1/2 TL getrockneter, zerriebener Estragon, Saft einer halben Zitrone, 1 Eigelb, 1/8 l Sahne, 1/2 Bund Petersilie.

Puterfleisch, falls tiefgefroren, vorher auftauen lassen und danach waschen. Salzwasser im Topf zum Kochen bringen und Puterfleisch reingeben. In 50 Minuten kochen lassen, Fleisch herausnehmen, die Haut und die Knochen entfernen. Fleisch, Speck und die geschälte Zwiebel durch den Fleischwolf (feine Scheibe) drehen. In eine Schüssel geben. Dazu Semmelbrösel, Eier, Salz, Pfeffer und Paprika. Einen Fleischteig mischen und kräftig abschmecken. Estragon und gewaschene, feingehackte Petersilie reinmischen. Etwa walnußgroße Klößchen daraus formen.

Puterbrühe aufkochen lassen und die Klößchen mit einem Löffel hineingeben. Hitze mindern und bei guter Wärme 10 Minuten lang ziehen lassen. Klößchen mit einem Schaumlöffel herausnehmen und in einer Schüssel warm stellen.
Für die Sauce Butter oder Margarine in einem Topf erhitzen, das Mehl einstreuen und unter Rühren durchschwitzen lassen. $^3/_8$ l Puterbrühe abmessen und reinrühren. Salz, Streuwürze, 1 Prise Muskat und Estragon einstreuen und 7 Minuten kochen lassen. Zitronensaft zugeben und den Topf vom Herd nehmen. Eigelb mit Sahne verquirlen, in die heiße, aber nicht mehr kochende Sauce einrühren. Abschmecken und die Sauce über die Klößchen verteilen.
Petersilie waschen, trockentupfen und hacken. Vor dem Auftragen darüberstreuen.
Dazu passen: körnig gekochter Reis und Feldsalat oder Weinsauerkraut und Salzkartoffeln.
Die Puterklößchen können auch als Suppeneinlage verwendet werden. Dann reicht aber die halbe Menge Fleischfarce.
Zu Puterklößchen passen auch gut eine Kräuter- oder holländische Sauce. Dann werden die Klößchen in einem Reisrand angerichtet und mit gekochten Blumenkohlröschen reichlich garniert aufgetragen.

Putersauerbraten rheinisch

1000 g ausgelöste Oberschenkel
Für die Marinade: 60 g Margarine, $^1/_4$ l heiße Fleischbrühe aus Würfeln, 2 EL Rotwein, 50 g Honigkuchen, 1 EL Mehl, 4 EL süße Sahne, 40 g Rosinen, Salz.
$^1/_4$ l Essig, $^1/_4$ l Wasser, 1 Lorbeerblatt, 6 Pfefferkörner, $^1/_2$ TL Senfkörner, 1 Zwiebel.

Die Putenschenkel abwaschen, wenn gefroren, auftauen lassen, mehrmals leicht einschneiden.
Für die Marinade Essig und Wasser in einen Steinguttopf gießen. Gewürze und die geschälte, in Scheiben geschnittene Zwiebel dazugeben. Die Puterkeulen in den so entstandenen Sud geben und 5 Tage zugedeckt an einem kühlen Ort durchziehen lassen. Jeden Tag einmal wenden.

Die Keulen aus der Marinade nehmen und gut abtrocknen. Marinade durch ein Sieb gießen. Die Margarine in einem Bräter erhitzen und die Keulen darin rundherum 15 Minuten anbraten. Fleischbrühe, Rotwein und drei EL Marinade dazugießen und zugedeckt 90 Minuten schmoren lassen.
Honigkuchen fein zerbröckeln und 10 Minuten vor Ablauf der 90 Minuten zu den Keulen geben.
Keulen herausnehmen und etwas abkühlen lassen, quer zur Faser etwas anschneiden, auf einer Platte anrichten und diese warm stellen.
Für die Sauce Bratensaft durch ein Sieb in einen Topf gießen und aufkochen lassen. Dann Hitze verkleinern. Mehl mit kalter Sahne verrühren und in die Sauce einrühren. 5 Minuten leicht kochen lassen. Die gewaschenen, abgetropften Rosinen in die Sauce geben und drei Minuten ziehen lassen und mit Salz abschmecken. Etwas Sauce über die Keulen auf der Platte gießen und den Rest in einer Sauciere reichen.
Beilagen: Apfelkompott oder Apfelmus oder Rotkohl und Kartoffelklöße aus gekochten Kartoffeln und ein gutes Bier.

Putersauerbraten bürgerlich

1 Puter-Oberkaßler-Stück oder ein Oberschenkel-Kaßler-Stück gerollt, 4 Zwiebeln, 500 g Sauerkraut, 100 g Pflanzenfett, 40 g Mehl, evtl. 5–6 Wacholderbeeren.

In einer Bratenpfanne das Pflanzenfett recht heiß werden lassen und dann das Kaßlerstück einlegen und rundherum kräftig bräunen. Die Zwiebeln schälen, klein schneiden und daraus zusammen mit dem Mehl und Fett eine mittelbraune Zwiebelsauce herstellen und darin den Braten etwa 40 Minuten lang gründlich garen. Hier gilt das Putergeheimnis – stets kräftig anbraten, aber bei mittlerer Hitze gar werden lassen.
Dazu Krautsalat aus Sauerkraut mit Zwiebelstücken, diese möglichst kurz angebraten, auftragen.
Der Putersauerbraten kann aber auch ohne die Zwiebelsauce zubereitet werden, indem er nach dem kräftigen Rundherumanbraten allein auf dem Sauerkraut gegart wird. Dann einige Wacholderbeeren dazugeben.

Gefüllte Puteroberschenkel

4 Puterschenkel (frisch oder tiefgefroren).
Für die Füllung: 150 g gemischtes Hackfleisch,
100 g Geflügel- oder Kalbsleber, 100 g Hühnerherzen und
Hühnermägen, 30 g gehackte Mandeln, 1 Bund Petersilie,
1 Brötchen, Salz, Rosenpaprika, scharf, weißer Pfeffer.
Zum Braten: 40 g Butter oder Margarine,
$^1/_2$ l Fleischbrühe (Würfel oder Instant), 1 EL Mehl,
$^1/_8$ l Sahne.

Die Puteroberschenkel werden gewaschen, tiefgefrorene läßt man vorher auftauen. Danach werden die Schenkel mit einem Tuch getrocknet. Mit einem scharfen Messer die Puteroberschenkel auf einer Seite der Länge nach bis zu den Knochen aufschneiden. Die so aufgeschnittenen Puteroberschenkel flach auf ein Brett legen und mit den Händen so auseinanderziehen, daß mit dem Messer die Sehnen und Knochen entfernt werden können. Danach die Aufschneideflächen ordentlich mit Salz und Pfeffer einreiben.
Das Brötchen 10 Minuten lang einweichen und dann ausdrücken. Hühnerherzen und -mägen und die Geflügel- oder Kalbsleber ganz fein hacken, besser durch einen Fleischwolf drehen, das gemischte Hackfleisch und die gehackten Mandeln sowie die frische kleingeschnittene Petersilie dazugeben und alles einschließlich des ausgedrückten Brötchens gut vermengen. Die Masse mit Salz, Pfeffer und dem Rosenpaprika würzen und daraus vier Portionen teilen. Dies in die vier aufgeschnittenen Puterschenkel hineingeben und diese tütenförmig um die Füllungen legen und dann mit einem Faden rouladenmäßig umwickeln oder mit einem Holzspießchen verschließen.
Die gefüllten Schenkel in der heißen Butter oder Margarine von allen Seiten wie Rouladen anbraten, mit der Brühe ablöschen und etwa 45 Minuten in einem Topf garen lassen.
Mehl und Sahne verrühren und die Sauce damit binden und alles zusammen auftragen.

Puterunterschenkel in Petersiliensauce

4 Puterunterschenkel, 100 g Zwiebeln, 50 g Butter oder Margarine, 50 g Mehl, 1/4 l Sauce, 1/8 l Sahne, 2 Eigelb, Petersilie, Zitrone, Salz und Pfeffer, Suppengrün.

Puterunterschenkel in Salzwasser mit Suppengrün gar kochen, herausnehmen und – je nach Geschmack – im ganzen warm stellen oder in mundgerechte Stücke schneiden. Brühe durch ein Sieb gießen.

Zwiebeln fein hacken, im Fett glasig dünsten, das Mehl darüberstäuben, kurz durchschwitzen und mit der Brühe aufgießen. Etwa 10 Minuten kochen lassen, dann mit den in der Sahne verquirlten Eigelben legieren, nicht mehr kochen lassen. Mit Zitrone, Salz und Pfeffer abschmecken und reichlich gehackte Petersilie hinzufügen. Das Fleisch in die Sauce legen.

Dazu passen: Reis, Kartoffeln, Salate oder Gewürzgurken o. ä.

Puterragout »Marengo«

800 g Puterfleisch aus einem Oberschenkel, 1 Zwiebel, 4 geschälte Tomaten, 1 gehäufter EL Tomatenketchup, 1 kleine Dose oder 125 g frische Champignons, nach Geschmack auch 250 g, 1 kleines Glas Perlzwiebeln, 2 EL Öl, 2–3 Zehen Knoblauch oder -pulver, Salz, Pfeffer. Nach Geschmack 4 Eier, 2 Scheiben Weißbrot.

Gehackte Zwiebel im Öl glasig dünsten, das in mundgerechte Stükke geschnittene Fleisch daruntermengen. Mit Salz, Knoblauch und Pfeffer würzen und anbraten. Ketchup und die Champignons mit ihrem Kochwasser hinzugeben und ca. 1/8 l Wasser. Im geschlossenen Topf 15 Minuten kochen lassen, Tomaten und Perlzwiebeln hinzufügen, nochmals aufkochen lassen.

Nach Geschmack mit in Öl gebackenen Eiern und dreieckig geschnittenen, in Öl gebackenen Weißbrotstücken garnieren.

Das Gericht kann ohne Schaden am Vortag gekocht und wieder aufgewärmt werden.

Geschmorte Puterschenkel

4 kleine Puterschenkel oder 2 große, Salz, Pfeffer, 100 g Butter oder Margarine, 2 Zwiebeln, 2 Möhren, 1/4 Sellerieknolle, Pfeffer, Wacholderbeeren, Senf, 3 Nelken, 1/2 Lorbeerblatt, 3 EL Tomatenmark.

Die Puteroberschenkel unter fließendem Wasser kurz waschen, falls tiefgefroren, vorher auftauen, trockentupfen. Die Puteroberschenkel mit Salz und Pfeffer einreiben. In einer Bratenpfanne das Fett heiß werden lassen und die Oberschenkel von beiden Seiten gut anbraten. Dann herausnehmen.

Zwiebeln schälen und in Würfel schneiden. Möhren und Selleriestück putzen und in kleine Scheibchen schneiden. Die Gewürze, so gut es irgend geht, zerdrücken – am besten mit einem Stampfer auf einem Frühstücksbrett – und zusammen mit dem halben Lorbeerblatt in den leeren Topf geben und alles gut anrösten lassen. Dann das Tomatenmark dazugeben, einrühren und mit zwei Tassen Wasser zum Kochen bringen. Die vorgebratenen Oberschenkel dazugeben und bei zugedeckter Bratenpfanne 1 1/2 Stunden bei mittlerer Hitze gründlich schmoren lassen.

Puteroberschenkel schmecken mit einer Sahnensauce besonders gut.

Diese ist leicht dazu herzustellen. Die Puteroberschenkel aus der Bratenpfanne – zur Not kann die Zubereitung auch in einem größeren Topf mit Deckel erfolgen – nehmen, warm stellen und in den Fond 1/4 l Sahne geben und einrühren. Dann die Schenkel wieder einlegen. Falls keine Sahne zur Hand, genügt auch Dosenmilch.

Puterwürzbraten

Dieses Rezept eignet sich besonders für Feinschmecker, welche Putergerichte etwas markanter haben möchten.

1 Puteroberschenkel, 1 Glas Gewürzgurken, 1–2 EL Senf, 50 g Fett, 2–3 Zwiebeln, 2–3 Karotten oder Möhren, 1/4 mittelgroße Sellerieknolle, 20 g Mehl.

Für die Einlage: 1 Dose Gemüse einer Julienne (Einlage für Suppen und Saucen aus hauchfein geschnittenem Gemüse) oder in Streifen geschnittene Karotten oder Möhren, Zwiebeln und Gewürzgurken.

Ganzer Puter

Cordon bleu

Rollbraten
aus
Oberkeule

Unterkeule
Schenkel

Frühjahrssuppentopf

Truthahnbrust

Frikassee vom Flügel

Würste

Aus dem Gurkenwasser des Gewürzgurkenglases etwa $^{1}/_{4}$ l Wasser, in welchem 1–2 EL Senf durch Umrühren aufgelöst wurden, eine Marinade (Einlegeflüssigkeit) zubereiten. Den Puteroberschenkel unter fließendem Wasser waschen, gut abtrocknen und über Nacht in die Marinade einlegen.
Nach dem Herausnehmen gut abtropfen lassen. In einer Bratenpfanne das Fett kräftig heiß werden lassen und dann Oberschenkel einlegen und rundherum gut anbraten.
Zwiebeln schälen und zusammen mit den Möhren und dem Sellerie in Würfel schneiden und diese zum Braten geben. Anbraten lassen und dann mit etwas Marinade ablöschen. Deckel auf die Bratenpfanne geben und alles im Bratofen, je nach Größe der Schenkel, 40–50 Minuten lang fertiggaren.
Wenn der Braten fertig ist, diesen aus der Bratenpfanne herausnehmen, warm stellen und die Sauce durch ein Sieb geben und in die Bratenpfanne zurückgießen und in dieser nach Belieben mit in kalter Dosenmilch oder Sahne, notfalls kaltem Wasser, angerührtem Mehl andicken.
Als Einlage das Gemüse aus der Dose Julienne (hauchfein geschnittenes Mischgemüse) ansautieren (vorsichtiges Dünsten bei mittlerer Hitze) und dann in die fertige Sauce geben. Steht keine Dose Julienne zur Verfügung, so kann man sich mit in Streifen geschnittenen Karotten oder Möhren, Zwiebeln und Gewürzgurken helfen.

Puteroberschenkel »Jägerart«

800 g Puteroberschenkel, 100 g Zwiebeln, 2 Karotten,
1 kleine Stange Sellerie, 1 Lauch, $^{1}/_{4}$ l Sahne,
$^{1}/_{2}$ l Fleischbrühe, 100 g Mehl, Salz, Pfeffer.
Zum Garnieren: 200 g beliebige Pilze.

Puteroberschenkel etwa 25 Minuten gut anbraten und übergießen, dann aus dem Topf nehmen.
In Würfel geschnittene Zwiebeln, Karotten, Sellerie und Lauch anrösten, mit Mehl bestäuben und mit der Fleischbrühe aufgießen und zum Kochen bringen. Das Fleisch wieder hinzufügen und bei schwacher Hitze etwa 30 Minuten gar kochen.

Fleisch herausnehmen, Sauce durchpassieren und mit der Sahne vermengen. Pilze als Garnitur beigeben oder unter die Sauce mengen.
Dazu passen: Spätzle oder Semmelknödel.

Puter auf Wildart

Puterfleisch eignet sich ausgezeichnet für Gerichte mit Wildcharakter. Dies ist trotz seines weißen Fleisches nicht verwunderlich, da der Puter ja noch vor wenigen hundert Jahren ein freilebender Wildvogel (Truthahn) war.
Will man Puter oder Puterfleisch auf Wildart zubereiten, braucht man es nur in eine würzige Wildbeize einzulegen.

Würzige Wildbeize

Diese bereitet man, indem man etwa 100 g Zwiebeln, 50 g Schalotten, 2 Knoblauchzehen, 100 g gelbe Rüben, 50 g Sellerie und 50 g Petersilienwurzeln in Würfel oder Scheiben schneidet. Dazu gibt man etwas Thymian, 2 Lorbeerblätter, etliche Pfefferkörner und 2 Gewürznelken. Das Ganze läßt man in 3–4 EL Öl eine Weile schwitzen und gießt 1 l Kochwein und 3 l Essig auf. Die Beize wird 1/2 Stunde lang langsam gekocht und erst nach völligem Auskühlen verwendet. Als Schnellbeize über Nacht verwendet man eine Öl-Wein-Beize aus 1 Glas Olivenöl und 1 Glas schwerem Rotwein oder 1 Likörglas Weinbrand.
Bei der Zubereitung von Putergerichten auf Wildart ist es wichtig, darauf zu achten, daß nicht nur reichlich Speck, sondern auch genügend Fett zugesetzt wird, da Puterfleisch selbst ja extrem fettarm ist. Man muß Puter-Wildart-Gerichte beim Braten außerdem sehr häufig begießen und auch rechtzeitig mit einem Pergamentpapier bedecken, damit die Oberfläche nicht austrocknet.

Puterschenkel auf Wildart

750 –100 g Puterschenkel, Wildbeize, 1 EL Fett,
1/2 Tasse Buttermilch, etwas Mehl, Gewürze.

Nachdem der Schenkel vom Knochen befreit ist, wird er etwa 4 Tage in eine würzige Wildbeize (siehe da) gelegt. Man wendet das Fleisch täglich darin um. Nachdem es gut abgetropft ist, wird es gerollt und gebunden, von allen Seiten in Fett angebraten und dann mit der Beize begossen. Zum Schluß kommt die Buttermilch daran; die Sauce wird leicht gebunden.
Dazu passen: Kartoffel- oder Semmelknödel.

Putertopf »Schweizer Art«

750 g ausgebeinter Puter oder -schenkel, 3 EL Öl (30 g),
2 EL Mehl (20 g), 1 EL Paprika, rosenscharf,
2 EL Tomatenmark (40 g), 2 große Zwiebeln (240 g),
2 Knoblauchzehen, 1/8 l Rotwein, 3/4 l heiße Fleischbrühe
aus Würfeln, Salz, weißer Pfeffer, 1 Prise Zucker, 3 kleine
Lorbeerblätter, 4 Nelken, 300 g kleine Kartoffeln,
300 g kleine Möhren.

Puterfleisch kurz abspülen, mit Haushaltspapier trockentupfen und in etwa 3 cm große Würfel schneiden.
Öl in einem großen Topf erhitzen. Fleisch reingeben und rundherum in 10 Minuten braun anbraten. Mit Mehl und Paprika bestäuben und Tomatenmark einrühren.
Zwiebeln und Knoblauchzehen schälen und hacken. Zum Fleisch geben. Zugedeckt 5 Minuten schmoren lassen. Dann mit Wein ablöschen und nochmals 5 Minuten schmoren lassen. Fleischbrühe dazugießen. Mit Salz, Pfeffer und Zucker würzen. Lorbeerblätter und Nelken zufügen. Putertopf zugedeckt 40 Minuten schmoren lassen.
Kartoffeln und Möhren schälen, waschen, abtropfen lassen und vierteln. 30 Minuten vor Ende der Garzeit Lorbeerblatt und Nelken aus dem Topf nehmen. Kartoffeln und Möhren reingeben.
Das Gericht in einer vorgewärmten Schüssel auftragen.

Puterrisotto

250 g Langkornreis, 1 Zwiebel, 35 g Butter, 3 Tomaten, ½ l Hühnerbrühe. 300 g gekochtes oder gebratenes Puterfleisch, 125 g Dosenchampignons, Salz, Pfeffer.

Die Zwiebel fein hacken. Das Fett in einem Topf schmelzen. Die Zwiebel darin glasig dünsten, dann den trockenen, mit einem Tuch abgeriebenen Reis darin goldig werden lassen.
Die Tomaten enthäuten – das geht leicht, wenn man sie einen Augenblick in kochendheißes Wasser hält oder legt – und vierteln, mit ¼ l der Brühe zum Risotto geben und etwa 5 Minuten schmoren lassen und dann den Rest der Brühe dazugeben.
In der Zwischenzeit das Puterfleisch in kleine Würfel schneiden, Dosenchampignons abtropfen lassen und klein schneiden. Das Puterfleisch und die Champignons mit Salz und Pfeffer würzen und 5 Minuten kochen lassen, durchrühren, leicht und vorsichtig in das Risotto einmengen und auftragen.

Puter mit Schinkenreis oder Schinkenrisotto

240 g Langkornreis, ½ l Wasser, 1 TL Salz. 150 g gekochter Schinken, 150 g gekochtes oder gebratenes Puterfleisch, 1 Stange Porree, 1 rote Paprikaschote, 1 Knoblauchzehe, Salz, Pfeffer, 1 Bund Petersilie.

Reis nach vorstehenden Reisgrundrezepten körnig kochen oder Risotto zubereiten.
Den Schinken in dünne Streifen, das Fleisch in kleine Würfel schneiden. Den Porree reinigen, aber vom Grünen soviel wie möglich daranlassen, in Ringe schneiden. Die Paprikaschote ausputzen und in Streifen schneiden. Die Knoblauchzehe fein hacken oder zerdrücken.
Die Schinkenstreifen goldig und spröde rösten und warm halten.
Die Porreeringe und die Paprikastreifen einige Minuten im Schinkenfett schmoren, das in Würfel geschnittene gekochte oder gebratene Puterfleisch und die zerdrückte Knoblauchzehe dazugeben und das Ganze durchwärmen.
Die Fleisch-Gemüse-Mischung zum Reis oder dem Risotto geben, mit Salz und Pfeffer würzen.

Den Reis oder den Risotto in eine Schüssel füllen und mit der feingehackten Petersilie und den Schinkenstreifen bestreut auftragen.

Puter nach Husarenart

Puter einmal auf ganz andere Art – Husarenart –, das ist sehr einfach und bringt Abwechslung in den Speisezettel.

1000 g Puterteile, Salz und Paprikapulver, 100 g Butter oder Margarine, 40 g durchwachsener Speck, 1 Zwiebel, 500 g frische grüne oder gelbe Paprikaschoten, 200 g Langkornreis, Salz, Knoblauchpulver.

Die Puterteile kurz unter fließendem Wasser waschen, trockentupfen, in Stücke schneiden und diese mit Salz und Pfeffer einreiben. Die Butter oder Margarine in einem offenen Topf erhitzen und die Fleischstücke darin etwa 20 Minuten lang rundherum bei schwacher Hitze braten.
Inzwischen den durchwachsenen Speck, die ausgepellte Zwiebel und die ausgeputzten Paprikaschoten würfeln.
Die angebratenen Puterstücke aus dem Topf nehmen und warm stellen. Die Speckstücke und die Zwiebel- und Paprikawürfel im Fond im Topf gut andünsten. Den Langkornreis dazuschütten und umrühren, das Knoblauchpulver ebenfalls dazugeben und das Ganze mit etwa $^3/_8$ l Wasser ablöschen, die Puterteile darauflegen und das Gericht noch etwa 20 Minuten lang garen lassen. Nochmals gut abschmecken und vor dem Auftragen das Paprikapulver darüberstreuen und durch Umrühren einmengen.

Puter auf Sevillaner Art

1000 g Puterteile, Salz, Paprikapulver, Pfeffer, Salbei, 2 EL Öl, 1 Zwiebel, $^1/_4$ l Fleischbrühe, Majoran, Estragon, 1 TL Tomatenmark, 15 mit Paprika gefüllte Oliven, 1 EL gehackte Petersilie.

Die Puterteile in 4 Portionen schneiden und mit einer Mischung aus Salz, Paprikapulver, Pfeffer und Salbei von allen Seiten einreiben. Öl in einer Pfanne erhitzen, die Puterteile hineingeben und

von allen Seiten kurz braun anbraten. Die Zwiebel hacken und dazu in die Pfanne geben. Dann mit der Brühe nach und nach aufgießen, und die Sauce mit Majoran, Estragon und Tomatenmark abschmecken.
Die Oliven der Länge nach halbieren und mit in das Gericht geben, und danach alles zugedeckt 5 Minuten schmoren lassen. Vor dem Auftragen wird das Gericht mit der gehackten Petersilie überstreut.

Puterragout

Etwa 1200 g Puterteile, 1 Aubergine, 1/2 Salatgurke, 1 grüne Paprikaschote, 2 Tomaten, Petersilie, Salbei, 1 Zwiebel, Knoblauchzehe, Öl.

Die Puterteile säubern und mit Salz und Salbei einreiben. Das Öl in der Pfanne erhitzen und die Puterteile hellbraun anbraten. Aus der Pfanne nehmen und warm stellen.
Zwiebel und Knoblauch klein schneiden und im Bratenfett glasig dünsten. Das Gemüse klein schneiden, dazugeben und 10 Minuten schmoren lassen. Daraufhin die Puterteile dazugeben und 10 Minuten erhitzen.

Putercurry

1200 g Puterteile, 2 EL Curry, 60 g Butter oder Margarine, 2 große Zwiebeln (120 g), 3 Äpfel, 1 EL Tomatenmark, 30 g Mehl, 1/2 l heiße Hühnerbrühe aus Würfeln, oder einfach Puterbrühe, 1 TL Zitronensaft, 1 Prise Zucker.

Puterteile unter fließend kaltem Wasser abspülen und danach mit Haushaltspapier trockentupfen. Puterteile mit einem scharfen Messer in 8 Teile zerlegen und unterdessen einzeln mit Salz und wenig Curry einreiben. Übriggebliebenes Curry beiseite stellen. Butter oder Margarine in einer Bratenpfanne erhitzen und die Puterteile einlegen und rundherum 10 Minuten anbraten. Während dieser Zeit die Zwiebeln und Äpfel schälen und in kleine Würfel schneiden. Puterteile herausnehmen und warm stellen.
Die Äpfel- und Zwiebelwürfel in das heiße Bratenfett geben und 5 Minuten unter Rühren darin anbraten. Dann das Tomatenmark einrühren und das Mehl und restliches Curry darüberstreuen. Un-

ter leichtem Rühren gut durchschwitzen lassen und danach heiße Hühner- oder Puterbrühe angießen. Angebratene Geflügelteile dazugeben und alles 30–35 Minuten schmoren lassen.
Vor dem Auftragen das Gericht mit Zitronensaft und Zucker würzen und gut abschmecken. Das Fleisch in der Sauce auftragen.
Dazu passen: Körnig gekochter Reis und Chicoréesalat.

Puter mit Zitronensauce

1000 g Puterteile, Saft von 2 Zitronen, etwas Salz, Pfeffer, 2 EL Öl, $^1/_2$ l Hühnersuppe aus Hühnerbrühwürfel, 2 EL Mandarinensaft, 2 Gläschen trockener Sherry, 2 EL Johannisbeergelee, $^1/_4$ l Sahne.

Das Fleisch unter fließendem Wasser kurz säubern, tiefgefrorenes vorher auftauen lassen, mit Küchenkrepp oder einem Tuch trokkentupfen. Die Fleischstücke mit Zitronensaft beträufeln und diese 20 Minuten lang etwas einziehen lassen, dann salzen und pfeffern. Mit Öl bepinseln und im vorgeheizten Ofen bei 225 Grad in $1^1/_2$ bis 2 Stunden gar braten. Sobald das Fleisch zu bräunen beginnt, nach und nach mit der heißen Hühnerbrühe begießen. Dann das Fleisch herausnehmen und warm stellen.
Den Bratenfond in der Bratenpfanne mit einem Schuß Wasser oder Weißwein loskochen und den Mandarinen- und restlichen Zitronensaft, den Sherry und das Johannisbeergelee dazugeben. Aufkochen, dann die Sahne darübergeben, abschmecken.
Mit Rotkohl, der ebenfalls mit etwas Zitronensaft abgeschmeckt wurde, und Kartoffelpüree als Beigabe auftragen.

Gefüllter Puterhals

1 Puterhals, 1–2 Semmeln, 1 Eidotter, Petersilie, Zitrone, etwas Puterleber und -fleisch, Gewürze.

Die genannten Zutaten werden fein zerkleinert und in die vorsichtig abgezogene Haut des Puterhalses gestopft. Man näht die Haut oben und unten zu und kocht die entstandene Wurst entweder in Salzwasser oder schmort sie in Fett weich. Sie kann wie jede andere Wurst kalt aufgeschnitten werden.

Puterfleischspieße aus Arad

(Rumänien)

750 g Puterfleisch, -brust, -schenkel, 4 kleine Zwiebeln, 4 Tomaten, 2 grüne Paprikaschoten.

Für die Marinade: 4 EL Öl, 2 TL Zitronensaft, Salz, 1 Knoblauchzehe, schwarzer Pfeffer, 1 Prise Paprika, rosenscharf.

Puterfleisch unter kaltem Wasser abspülen. Mit Haushaltspapier oder einem sauberen Küchentuch trocknen. In gleichmäßige Würfel schneiden.
Marinade aus Öl, Zitronensaft, geschälter, mit Salz zerdrückter Knoblauchzehe, schwarzem Pfeffer und Paprika, rosenscharf, mischen. Fleisch in eine Schüssel geben. Mit der Marinade übergießen. Zudecken und 3 Stunden ziehen lassen. Dabei gelegentlich wenden.
Zwiebeln schälen und achteln, Tomaten waschen, trocknen, Stengelansätze rausschneiden, vierteln. Paprikaschoten halbieren, entkernen, waschen, trockentupfen, in gleichmäßig große Stücke schneiden.
Fleischwürfel aus der Marinade nehmen. Trockentupfen und salzen. Abwechselnd mit den übrigen Zutaten auf 4 Spieße stecken. Spieße mit der restlichen Marinade einpinseln und auf den Grillrost legen und 15 Minuten in den vorgeheizten Ofen schieben.

Puterschmorbraten

1 Puteroberschenkel, Salz, Pfeffer, 100 g Fett, 3 Zwiebeln, Möhren, 20 g Butter, 1 kleine Dose Pilze, Pflanzenfett, Sellerie, einige Gewürzkörner (Pfefferkörner, 2 Nelken, Piment, 5–6 Wacholderbeeren), 3 EL Tomatenmark, $^1/_4$ l heiße Brühe (Würfel), 30 g Mehl.

Den Puteroberschenkel unter fließendem Wasser abwaschen, tiefgefrorene erst auftauen, dann mit Salz und Pfeffer kräftig würzen – am besten einreiben. Wer den Braten recht kräftig haben will, evtl. zweimal einreiben. Dann in einer Bratenpfanne Pflanzenfett

recht heiß werden lassen und den Schenkel rundherum allseitig gut anbraten.
Die Zwiebeln schälen und in Würfel schneiden. Möhren putzen und ebenfalls würfeln, desgleichen den Sellerie. Diese Gemüsewürfel mit in die Bratenpfanne zum Bratenschenkel geben und die Gewürzkörner – Pfefferkörner, Nelken, Piment und die Wacholderbeeren – zufügen und alles kurz mit anrösten. Das Tomatenmark einrühren und die heiße Brühe zugießen. Den Braten dann bei geschlossenem Deckel schmoren, etwa 50–60 Minuten lang, je nach Größe. Dann den Oberschenkel herausnehmen.
Die Sauce durch ein Sieb geben, damit die Gemüsereste zurückbleiben (falls nicht zum Gericht erwünscht), und kräftig nachwürzen und mit etwas kalter Dosenmilch oder Sahne, notfalls kaltem Wasser, angerührtem Mehl binden.
Dosenpilze gut in einem Sieb abtropfen lassen, kurz in etwas Butter andämpfen und als Einlage in die Sauce geben.

Glasierter Puterbraten

800 g Puterfleisch zum Braten, 4 EL Butter, 1 1/2 Tasse Würfel- oder gekörnte Brühe, 1 Schnapsgläschen Weinbrand, 1 TL brauner Zucker, 1 TL Senfpulver, 2 EL Bier, Salz, Pfeffer, Paprika.

Das gewaschene, trockengetupfte Puterfleisch mit Salz, Pfeffer, Paprika einreiben und in einer Bratenpfanne Butter erhitzen. Das Fleisch darin von allen Seiten kräftig anbraten. In die vorgeheizte Backröhre schieben und bei mittlerer Hitze ca. 80 Minuten braten. Dabei nach und nach mit heißer Brühe begießen. Braten herausnehmen.
Weinbrand mit Zucker, Senf und Bier verrühren. Über das Fleisch streichen und dieses zurück auf den Rost der heißen Backröhre legen und weitere 10 Minuten braten, wobei durch die Mischung von Weinbrand, Zucker, Senf und Bier das Fleisch wie glasiert aussieht.
In der Zwischenzeit Bratenfond mit etwas heißem Wasser loskochen und kräftig mit Pfeffer und Paprika abschmecken.

Putergulasch mit Ananas

600 g Putergulasch, 2 Zwiebeln, 2 EL Butter oder Margarine, Salz, Pfeffer, 1 TL Paprika, rosenscharf, 1 Messerspitze Ingwer, 1 kleine Dose Ananaswürfel, 1 Brühwürfel, 2 EL Rahm, 1 TL Mehl oder Stärkemehl, 1 EL Sherry.

Zwiebeln schälen und fein zerschneiden und in Fett weich und goldgelb rösten. Dies gelingt nur gleichmäßig, wenn die Zwiebelstückchen während des Röstens mit einem Holzlöffel gerührt werden. Dann die Putergulaschstückchen beifügen und unter mehrmaligem Wenden rundum scharf anbraten. Mit den Gewürzen pikant abschmecken, die Ananaswürfel – gut abgetropft – dazugeben. Etwas von der aus dem Brühwürfel gesondert zubereiteten Brühe zugießen. Dann das Gericht leise etwa 40 Minuten schmoren lassen. Mit kaltem Rahm angerührtes Mehl oder Stärkemehl einrühren und nochmals aufkochen lassen. Einen Schuß Sherry dazugeben.
Dazu passen: Salzkartoffeln, körnig gekochter Reis.

Puterragout

1 Puterunterschenkel, etwas Speck, 2 Zwiebeln, Kräuter, 1 Tasse Rotwein, 1 Tasse Buttermilch, 1 EL Fett, 1 EL Mehl, Gewürze.

Der rohe Puterunterschenkel wird in Portionen geteilt und in einer Beize aus wenig Wasser, Salz, Kräutern, Zwiebeln, Rotwein und Gewürzen gar gekocht. Dann bereitet man aus Fett und Mehl eine dunkle Einbrenne, gießt sie mit der Brühe auf und läßt das Fleisch noch eine Weile mitschmoren. Man schmeckt die Sauce mit Buttermilch, Pfeffer und Salz gut ab und trägt das sehr pikant süßsauer abgeschmeckte Ragout in einem Reisrand auf.
Dazu passen: Sauerkraut oder Rosenkohl.

China-Putertopf

1200 g Puterschenkel oder Puterbrust, Salz, 1/2 Tasse Öl, 150 g Bambussprossen aus der Dose, 150 g Shrimps (Garnelen), tiefgekühlt, 100 g Champignons aus der Dose.

Für die Sauce: 3 Tassen Brühe, 2 gestrichene EL Speisestärke, 3 EL fertige Sojasauce, 1 TL Zucker, je 1 Prise Salz und frisch gemahlener weißer Pfeffer, 1 TL Sambal Baatjak (Fertigprodukt), 1 EL Spareribsauce (Fertigprodukt).

Zum Garnieren: 5 große Garnelen.

Puterfleisch waschen, falls tiefgefroren, vorher auftauen lassen, und mit Küchenkrepp trockentupfen. Knochen auslösen und das Fleisch in Streifen schneiden. Salzen. Öl im Topf erhitzen. Fleisch 5 Minuten rundum scharf anbraten. Bambussprossen abtropfen lassen und in Streifen schneiden und zum Fleisch geben und 15 Minuten braten.
Aufgetaute Shrimps und abgetropfte, in Scheiben geschnittene Champignons 10 Minuten mitschmoren lassen.
Für die Sauce Brühe zum Kochen bringen. Speisestärke in kaltem Wasser anrühren. Unter Rühren in die kochende Brühe und gut durchkochen. Mit Sojasauce, Zucker, Salz, Pfeffer würzen. Sauce ins Ragout geben und den Topf schließen. 5 Minuten ziehen lassen, dann mit Sambal Baatjak und Spareribsauce abschmecken.
Als Garnitur die großen Garnelen anlegen.
Am besten richtet man den China-Putertopf in einer großen Schüssel auf Reis an. Man kann den Reis aber auch gesondert auftragen.

Puterunterschenkel süßsauer in Dill

(auch für Flügel, Herzen oder Mägen geeignet)

1000 g Puterunterschenkel oder -flügel, 1 Zwiebel, 50 g Margarine oder Butter, 80 g Mehl, 1/4 l Sahne, 2 Eigelb, Dill, 1 l Wasser oder Brühe, Salz, Zucker, Pfeffer, Essig, Zitrone und den Dill.

Das Fleisch, knapp mit Wasser bedeckt, das kräftig mit Salz, Essig und Zitrone und etwas Zucker abgeschmeckt ist, zusammen mit ei-

nem Dillsträußchen gar kochen. Herausnehmen und von den Knochen lösen bzw. in mundgerechte Stücke schneiden.
Zwiebel in dem Fett glasig werden lassen, das Mehl darüber stäuben, mit der Kochbrühe aufgießen, 10 Minuten kochen lassen, mit dem Küchenquirl durchrühren. Die beiden Eigelb in der Sahne verquirlen und die Sauce damit legieren. Mit reichlich Dill abschmecken und das Fleisch hineintun.
Dazu passen: Reis, Salzkartoffeln, Salate oder eingelegte Gurken oder rote Bete.

Puterschaschlik

1 gebratener Puterschlegel von 900 g, 4 Scheiben Ananas aus der Dose (160 g), 2 Äpfel, 2 Bananen, Salz, weißer Pfeffer, Curry.

Zum Braten: 4 EL Öl (40 g).

Zum Garnieren: 8 Maraschinokirschen.

Von dem Puter die Haut entfernen und die Knochen herauslösen und das Fleisch in walnußgroße Würfel schneiden.
Ananas auf einem Sieb abtropfen lassen und in grobe Stücke schneiden. Äpfel schälen, halbieren, Kerngehäuse entfernen, achteln. Noch mal durchschneiden. Bananen schälen, in 2 cm dicke Scheiben schneiden.
Puterfleisch, Ananas-, Äpfel- und Bananenstücke abwechselnd auf acht Spieße stecken. Mit Salz, Pfeffer und Curry rundherum bestreuen.
Öl in einer großen Pfanne erhitzen. Spieße darin 8 Minuten braten und dabei mehrmals wenden.
Beim Anrichten auf jeden Spieß eine Kirsche stecken.

Gaisburger Marsch

700 g Puterfleisch (Ober- oder Unterschenkel),
500 g Suppenknochen, 1/2 Zwiebel, 1 Lorbeerblatt,
2 Gewürznelken, Pfeffer, Salz, 1 Sellerieknolle, 2 Möhren,
1 Petersilienwurzel, 1 Stange Lauch, 500 g Kartoffeln,
3 Tassen gekochte Spätzle, 1 EL gehackte Petersilie,
20 g Butter, 5 Zwiebeln, in Ringe geschnitten.

Die Suppenknochen je nach Größe 2–3 Stunden in einem offenen Topf gründlich auskochen. Nach dem ersten Aufkochen mit einer Schaumkelle abschäumen. Knochen entfernen und Brühe kalt werden lassen. In der Brühe das Puterfleisch etwa 1 1/2 Stunden ohne Deckel kochen. Zwiebel, Lorbeerblatt und Gewürznelken zufügen und alles nach Geschmack mit Pfeffer und Salz würzen. Im zugedeckten Topf 1 1/2 Stunden kochen.
Inzwischen Sellerie, Möhren, Petersilienwurzel und Lauch waschen, putzen und grob schneiden. Kartoffeln ebenfalls waschen und schälen und in kleine Würfel schneiden.
Das Fleisch mit der Brühe durch ein Sieb gießen. Die Brühe in einen Topf geben und das Fleisch in mundgerechte Stückchen schneiden. Das Gemüse und die Kartoffeln in der Brühe 30 Minuten lang kochen. Danach alles zusammen verrühren und in einer Suppenterrine abwechselnd mit gekochten Spätzle einschichten.
Mit gehackter Petersilie und in Butter goldgelb gebratenen Zwiebelringen bestreuen. Sofort auftragen.

Siebenbürger Puterkrautwickel

250–300 g gebratenes in recht kleine Würfel geschnittenes
Puterfleisch, 1 mittelgroßer Weißkrautkopf,
2 feingeschnittene Zwiebeln, 60 g durchwachsener Speck,
1 Tasse gegarter Reis, Salz, Pfeffer, 40–60 g Butter,
1/4 l Wasser, etwas Salz, 1/4 l saure Sahne.

Die Blätter des Krautkopfes vom Strunk lösen und überbrühen. Für die Krautwickelfüllung die Zwiebeln mit dem durchwachsenen Speck andünsten, das gewürfelte Puterfleisch dazugeben und nochmals zusammen kurz anbraten. Den Reis zufügen und alles mit Salz und Pfeffer pikant abschmecken.

Die Kohlblätter damit füllen, zu Rouladen zusammenrollen und mit Hölzchen oder Zwirn zusammenhalten. In der heißen Butter in einer großen Auflaufform anbraten, das restliche Kraut sehr fein schneiden, drumherumlegen, mit etwas Wasser auffüllen und mit Salz würzen. Im Backofen bei 200 Grad garen lassen. Mit saurer Sahne übergießen und sofort auftragen.

Fränkischer Puterkrautbraten

125–200 g gewürfeltes Puterfleisch (Brust oder Schenkel), 375 g gemischtes Hackfleisch, 750–1000 g Weißkohl, 50 g Butter, Nelken, Lorbeerblatt, Zwiebel, Salz, 50 g Räucherspeck.

Den Weißkohl in kochendem Wasser etwa 15 Minuten ziehen lassen. Die äußeren Blätter entfernen und die Hälfte der Blätter in eine gefettete Form legen. Den restlichen Kohl in Würfel schneiden und mit Nelken, Lorbeerblatt, Zwiebelwürfel und Salz ungefähr 15 Minuten dünsten. Hackfleisch und Bratenreste dazugeben, durchmischen.

Die Füllung auf die mit Kohlblättern ausgelegte Form schichten und wieder mit einer Schicht Kohlblätter abdecken. Den Speck in dünne Scheiben schneiden und auf den Kohl legen.

Den Krautbraten bei 200 Grad etwa 50–60 Minuten imBackofen backen.

Steirischer Puter

600 g saftiges Puterfleisch (Ober- oder Unterschenkel), Salzwasser, 1 Lorbeerblatt, 2 Gewürznelken.

Für die Marinade: 5 Zwiebeln, 4 EL Essig, 1 EL Öl, 2 EL Kürbisöl. Salz, Pfeffer.

Zum Verzieren: 2 Zwiebeln in Ringe geschnitten.

Puterschenkelfleisch in Salzwasser mit Lorbeerblatt und Gewürznelken etwa 45 Minuten garen, dann durch ein Sieb gießen und das Fleisch abkühlen lassen.

Inzwischen aus sehr fein gehackten Zwiebeln, Essig, Öl, Kürbisöl, Salz und Pfeffer eine Marinade herstellen.
Das abgekühlte Fleisch in ganz dünne Scheiben schneiden und auf einer Platte anrichten. Die Marinade darübergießen und die Zwiebelwürfel aus der Marinade in die Mitte des Tellers geben. Das Fleisch mit Zwiebelringen verzieren.

Putergulasch

1 Puteroberschenkel, 30 g Butter oder Margarine, 5 EL Tomatenketchup, 1 kleines Glas Perlzwiebeln, Thymian, Salz, Pfeffer, $^3/_8$ l Wasser, 1 Schächtelchen Steinpilzsauce, 1 Bund Petersilie.

Das Puterfleisch in Würfel schneiden. Fett erhitzen, das Fleisch hineingeben und kräftig anbraten. Mit Ketchup ablöschen. Perlzwiebeln auf ein Sieb geben, abtropfen lassen und mit Thymian, Salz und Pfeffer zum Fleisch geben. Wasser zufügen, das Ganze etwa 40 Minuten garen und dann die Steinpilzsauce nach Anweisung einrühren.
Petersilie fein hacken und über das angerichtete Putergulasch streuen.
Dazu passen: Spätzle und Feldsalat in einer Essig-Öl-Marinade.

Gefüllter Puterschlegel

1 Puterschlegel, 100 g Beefsteakhack, 1 Zwiebel, etwas Selleriegrün, $^1/_2$ Brötchen, Salz, Pfeffer, Majoran, 2 TL Sherry, 250 g Zwiebeln, 2 Paprikaschoten, 5 Tomaten, Salz, 1 EL Paprika, $^1/_4$ l Brühe, $^1/_8$ l saure Sahne, 1 EL Mehl.

Den Knochen aus dem Schlegel herauslösen.
Für die Füllung Beefsteakhack mit Zwiebelwürfeln, Selleriegrün, eingeweichtem Brötchen, Gewürzen und Sherry vermengen.
Den Schlegel flach einschneiden und die Füllmasse einfüllen, zustecken und im heißen Öl anbraten. Zwiebel- und Paprikaschotenwürfel und Tomatenviertel zufügen. Würzen, Brühe angießen und $1^1/_2$ Stunden garen. Mit Mehl und Sahne binden.
Dazu passen: Reis oder Salzkartoffeln.

Putersauerbraten pikant

1 großer Puteroberschenkel mit Knochen, Salz, Pfeffer, 50 g Fett, Brotrinde, 1 Zwiebel, $^3/_8$ l verdünnte Beize oder Brühe, 1 Prise Zucker, 4 EL saure Sahne, 1 TL Stärkemehl.

Für die Beize: $^1/_2$ l Essig, 1 Nelke, Lorbeerblätter, 3 Pfefferkörner, 3 Wacholderbeeren, $^1/_2$ Zwiebel, 1 gelbe Rübe.

Aus Essig, Gewürzen und Wurzelwerk Beize herstellen. Abkochen, erkaltet über den Oberschenkel geben. Diesen darin 3–5 Tage kühl und zugedeckt liegen lassen. Täglich wenden.
Vor dem Braten Oberschenkel trocknen. Knochen auslösen. Oberschenkel innen mit etwas Fett bestreichen, mit Salz und Pfeffer würzen. Mit Faden umwickeln, außen würzen. Mit heißem Fett übergießen und gut im vorgeheizten Backofen etwa 1 bis $1^1/_2$ Stunden braten. Brotrinde und Zwiebel zugeben. Mit Brühe oder Beize seitlich aufgießen. Braten mit Bratensatz begießen. 10 Minuten vor Ende der Bratzeit den Braten mit saurer Sahne bestreichen, einziehen lassen. Sauce abseihen, abschmecken und evtl. mit Stärkemehl binden.
Dazu passen: Knödel, Spätzle, Salate oder Rotkohl.

Puterfleisch mit Kümmelsauce

1000 g Puterfleisch (Ober- oder Unterschenkel). 2 Möhren, $^1/_2$ mittelgroße Sellerieknolle, 1 Petersilienwurzel, 2–3 Porreestangen, 4 Zwiebeln, $^1/_2$ Knoblauchzehe, 1 Lorbeerblatt, einige Gewürzkörner, Salz, 1–$1^1/_2$ l Wasser, $^1/_2$ l Fleischbrühe, 3 EL süße Sahne, 2 EL Kümmel, 2 Beutel helle Sauce, Instant.

Das Fleisch mit dem geputzten Gemüse, den Gewürzen und Wasser zum Kochen bringen und bei milder Hitze etwa 1–$1^1/_2$ Stunden garen. Das Fleisch portionsgerecht zerteilen.
Für die Sauce $^1/_2$ l durchgesiebte Fleischbrühe in einen Topf geben und das Saucenpulver unter Rühren einstreuen und aufkochen lassen. Die Sahne und den Kümmel zufügen und abschmecken. Die Sauce zum Puterfleisch reichen.
Dazu paßt: Kartoffelpüree.

Puterbraten nach Heidschnuckenbratenart

1000–1500 g ganzer Puterschenkel (Ober- und Unterschenkel zus.), etwa 1–1 1/2 l Buttermilch, etwas Butter.

Für die Sauce: 2 Beutel Rahmbratensauce Instant, 1–2 EL saure Sahne, Salz, Pfeffer, etwa 20 Körner grüner Pfeffer, 10–12 Wacholderbeeren, 2 Lorbeerblätter.

Vom Puterschenkel Haut entfernen, waschen, trockentupfen und 1–2 Tage in Buttermilch legen. Dann herausnehmen, abtrocknen. In die Fettpfanne etwas Butter geben und den Schenkel auf den Rost legen. Nach etwa 20 Minuten Bratenzeit bei 225 Grad etwas Wasser in die Pfanne gießen und den Braten unter häufigem Beschöpfen in etwa 1–1 1/2 Stunden fertigbraten.
Für die Sauce den Bratenfond durch ein Sieb gießen. Auf einen halben Liter mit Wasser auffüllen (evtl. das Fett abschöpfen) und erhitzen. Das Saucenpulver unter Rühren einstreuen und aufkochen lassen. Mit saurer Sahne, Buttermilch, Salz und Pfeffer abschmecken.
Dazu passen: Salzkartoffeln und Preiselbeerkompott.

Puter in Backschälchen (Timbale)

200 g gekochtes oder gebratenes Puterfleisch, 200 g gekochter Schinken, 1/8 l Sahne, 1/8 l Milch, 20 g Butter, 20 g Mehl, 2–3 EL geriebener Käse, Salz, Pfeffer, 1/3 TL geriebene Zitronenschale.

Das Puterfleisch und den Schinken durch den Fleischwolf drehen oder sich beim nächsten Metzger drehen lassen.
Das Mehl in der Butter hell anschwitzen, mit Milch und Sahne auffüllen und alles durchkochen lassen. In diese Sauce das durchgedrehte Fleisch geben und gleichzeitig mit Salz, Pfeffer und geriebener Zitronenschale würzen.
Feuerfeste kleine Schälchen (Timbale) mit Butter ausstreichen und die Masse einfüllen. Mit geriebenem Käse bestreut 1/2 Stunde – ein hineingestecktes Hölzchen muß beim Herausziehen trocken bleiben – bei mittlerer Hitze backen.
Die Timbale vorsichtig je eine auf einen Teller stürzen und zusammen mit Reis und Tomatensauce auftragen.

Putersauerbraten Berliner Art

1000 g Puterfleisch (Ober- oder Unterschenkel),
2 l Buttermilch, 2 Zwiebeln in Scheiben geschnitten,
2 Möhren in Scheiben geschnitten, 2 Lorbeerblätter,
5 Wacholderbeeren, zerdrückt, 4 Nelken, 4 Pfefferkörner,
75 g Speckscheiben, 60 g Butterflöckchen, 1/8 l Rotwein,
2 Stück Pfefferkuchen oder Zwieback.

Buttermilch mit Zwiebelscheiben, Möhrenscheiben, Lorbeerblättern, Wacholderbeeren, Nelken und Pfefferkörnern mischen und das Puterfleisch in dieser Marinade in einer Schale 2 Tage durchziehen lassen. Dann das Fleisch abtropfen und die Oberfläche mit den Speckscheiben belegen.
Einen Römertopf 10 Minuten wässern, abtropfen lassen und den Braten hineinlegen. Butterflöckchen obenauf verteilen und die durch ein Sieb gegossene Marinade darübergießen. Alles zusammen im geschlossenen Römertopf im Ofen bei 240 Grad etwa 2 Stunden schmoren. Danach das Fleisch auf eine vorgewärmte Platte legen und warm halten. Erst am Tisch in Scheiben schneiden.
Von dem Bratenfond das überflüssige Fett abschöpfen, dann durch ein Sieb in eine Kasserolle gießen, mit Rotwein, Salz und Pfeffer abschmecken und zum Kochen bringen. Den zerriebenen Pfefferkuchen oder Zwieback zufügen und die Sauce damit binden. Das Fleisch mit einem Teil der Sauce überziehen.
Dazu passen: Schwarzwurzeln und Pellkartoffeln.

PUTERLEBER

Gerichte aus Puterleber sind im Geschmack der viel teureren Kalbsleber gleichwertig, werden vielfach sogar als geschmacklich besser angesehen. Die Puterlebergerichte sind schnell fertig, sättigen gut, ohne den Magen zu belasten, und – was das wichtigste ist – sie schmecken vorzüglich.
Bei allen Lebergerichten ist zu beachten, daß die Leber stets erst nach Fertigstellung des Gerichtes gesalzen werden darf, da sie sonst hart wird.

Puterleber Berliner Art

Puterleber nach Berliner Art wird allgemein als »die lebergerechteste« Zubereitung angesehen, da bei dieser Zubereitungsart der spezielle Lebergeschmack am besten herauskommt.

3 Äpfel, 3 Zwiebeln (180 g), 200 g Butter, 4 kleine Scheiben Weißbrot (110 g), 4 Puterlebern (frisch oder tiefgekühlt) (800 g), 20 g Mehl, 40 g Butter oder Margarine, Salz, 1 Bund Petersilie.

Äpfel waschen, schälen und vierteln. Kerngehäuse entfernen, Zwiebeln schälen und Äpfel und Zwiebeln in dünne Scheiben schneiden.
Butter in einer Pfanne erhitzen, Weißbrotscheiben darin auf jeder Seite 2 Minuten braten, herausnehmen und warm stellen. Apfel- und Zwiebelringe in die Pfanne geben. Goldbraun braten und ebenfalls warm stellen.
Wenn nötig, von den Lebern die Sehnen entfernen, kurz unter fließendem Wasser abwaschen (tiefgefrorene vorher auftauen lassen) und mit Haushaltspapier trockentupfen. In Mehl wenden. Butter oder Margarine in der Bratenpfanne erhitzen und die Lebern darin auf jeder Seite 3 Minuten braten. Salzen und auf das geröstete Weißbrot verteilen. Auf einer vorgewärmten Platte mit einem Teil der Apfel- und Zwiebelringe anrichten. Mit gewaschener, trockengetupfter Petersilie garnieren und die restlichen Zwiebelringe und Apfelscheiben auf die Leberstücke legen.
Dazu passen: Bratkartoffeln und grüner Salat.

Puterleber Straßburger Art

4 Puterlebern (etwa 800 g), 20 g Mehl, 40 g Butter, Salz, Pfeffer.

Für die Sauce: 30 g Butter, 30 g Mehl, 1/2 Bund Suppengrün, 1 gehackte Zwiebel (60 g), 2 Tomaten (140 g), 1/2 l heiße Fleischbrühe aus Würfeln, 1 Glas Madeira, Salz, 1 Prise Zucker.

Für die Garnierung: 4 schöne Salatblätter, 1/4 Bund Petersilie, 4 Scheiben Weißbrot (100 g), große Äpfel, 40 g Butter.

Bei diesem Gericht werden erst die Sauce und dann die Bratstücke zubereitet.
Für die Sauce die Butter in einem Topf erhitzen. Mehl einstreuen und leicht bräunen lassen. Geputztes und gewaschenes Suppengrün in feine Streifen schneiden und zusammen mit der gehackten Zwiebel und den abgezogenen, gewürfelten Tomaten hineingeben. Mit der heißen Fleischbrühe auffüllen. Sauce etwa bis zur Hälfte einkochen lassen und mehrmals umrühren. Dann durch ein Sieb geben. Mit Madeira, Salz und Zucker abschmecken und warm stellen.
Für die Garnierung Salatblätter und Petersilie waschen und trokkentupfen. Weißbrot auf beiden Seiten goldgelb rösten und ebenfalls warm stellen. Gewaschene Äpfel schälen, in etwa 1 cm dicke Ringe schneiden und Kerngehäuse entfernen. Butter in einer Pfanne heiß werden lassen. Apfelringe darin auf beiden Seiten 3 Minuten leicht braten. Auch warm stellen.
Die Lebern waschen und, wenn nötig, Sehnen entfernen. Mit Haushaltspapier abtupfen. Leicht mit Mehl bestäuben. Butter in einer Pfanne erhitzen und die Lebern darin auf jeder Seite 3 Minuten braten. Herausnehmen und auf jeder Seite salzen und pfeffern.
Salatblätter auf einer Platte anrichten. Darauf kommen zuerst die Toast-, dann die Apfelscheiben und dann die Lebern. Mit einem Teil der Madeirasauce überziehen und den Rest gesondert in einer Saucenschüssel auf den Tisch bringen. Das fertige Gericht mit Petersilie garniert auftragen.

Putergeflügelleber in Currysahne

500 g Puterleber, 250 g Zwiebeln, 50 g Butter, 1 Knoblauchzehe, 1 TL Curry, 1/4 l saure Sahne, 1/8 l Dosenmilch, 1 TL Mehl, Salz.

Die Zwiebeln schälen und in Ringe schneiden, in der Butter goldgelb dünsten und den Knoblauch durchgepreßt dazugeben. Zwiebeln an den Pfannenrand schieben. Die Lebern in die Pfanne geben und so lange wenden, bis sie rundum grau geworden sind. Dann den Curry überstäuben und in den Fond mit den Zwiebelringen geben und verrühren. Saure Sahne mit Dosenmilch und Mehl mischen, in die Pfanne gießen, alles gut verrühren und zum Kochen bringen. Das Gericht mit Salz abschmecken und sofort auftragen.
Dazu passen: Reis, Kartoffelpüree oder Weißbrot und ein Bier.

Puterleber mit Orangen

500 g Puterleber, 1 Zwiebel (50 g), 30 g Butter, 2 gestrichene TL Mehl, 2 Prise Curry, 2 Spritzer Tabasco, Saft 1 Orange, 1/10 l Madeira (1 Miniflasche), 2 Orangen, Salz, 1 Prise Zucker.

Die Zwiebel schälen und klein würfeln. Butter in einer Pfanne zerlassen, die Zwiebelwürfel darin goldgelb dünsten, dann an den Pfannenrand schieben. Die Lebern in der Pfanne anbraten, bis sie rundum grau geworden sind, nochmals Mehl darüberstäuben und durchschwitzen, die Zwiebeln untermischen, alles mit Curry und Tabasco würzen, Orangensaft und Madeira dazugießen und die Lebern noch 5 Minuten dünsten (Deckel auf die Pfanne). Die beiden Orangen wie einen Apfel schälen (weiße Haut entfernen), dann in Scheiben schneiden. Orangenscheiben auf den Lebern heiß werden lassen, beiseite schieben. Die Lebern mit Salz und 1 Prise Zucker würzen, die Orangenscheiben auf die Lebern legen und sofort auftragen.
Dazu passen: Reis oder Weißbrot.

Puterleber mit Zwiebeln und Tomaten

500 g Puterleber, 250 g Zwiebeln, 50 g Butter, 1 Dose Tomaten, Thymian, Pfeffer, Salz.

Die Zwiebeln schälen und in Ringe schneiden. Butter zerlassen, die Zwiebeln darin goldgelb dünsten, dann an den Pfannenrand schieben. Die Lebern dazugeben und im Fett wenden, bis sie rundum grau geworden sind.
Die Dosentomaten abgießen und mit in die Pfanne geben, das Gericht mit Thymian und Pfeffer würzen und aufkochen lassen, dabei nicht zu heftig rühren, damit die Tomaten ihre Form behalten. Bei frischen Tomaten entfällt diese Vorsichtsmaßnahme. Kurz vor dem Auftragen mit Salz abschmecken.
Dazu passen: Reis, Kartoffelpüree oder Weißbrot.

Puterleber in Currysauce

400 g Puterleber, Pfeffer, Basilikum, Curry, 1 EL Öl, 1 kleine Dose Cocktailfrüchte, 2 Päckchen Currysauce, Salz, einige Tropfen Zitronensaft.

Puterleber in Stücke schneiden, waschen, abtrocknen und mit Pfeffer und Basilikum und Curry würzen. In Öl drei bis vier Minuten braten. Cocktailfrüchte abgießen. Currysauce mit $^1/_8$ l Obstflüssigkeit und Wasser nach Anweisung bereiten. Früchte und Leber in der Sauce erhitzen. Mit Salz, Pfeffer und Zitronensaft abschmekken.
Dazu passen: Reis oder Kartoffelpüree.

Puterleber Hawaii

600 g Puterleber, $^1/_4$ l lauwarme Milch, 50 g Butter, Salz, 1 Dose Ananasscheiben (350 g), 1 kleine Dose Mandarinorangen (200 g), weißer Pfeffer.

Puterleber unter fließendem Wasser waschen, falls tiefgefroren, vorher auftauen, und in dünne Scheiben schneiden. In eine Schüssel geben, mit lauwarmer Milch übergießen und ziehen lassen.

Nach 30 Minuten herausnehmen und mit Haushaltspapier trockentupfen. 30 g Butter in einer Pfanne erhitzen. Leberscheiben hineingeben und auf jeder Seite 2 Minuten braten. Danach aus der Pfanne nehmen, salzen und auf einer vorgewärmten Platte zugedeckt warm stellen.
Ananas und Mandarinorangen auf einem Sieb abtropfen lassen. Restliche Butter ins Bratfett geben und das Obst darin bei kleiner Hitze erwärmen.
Puterleber mit Pfeffer bestreuen, leicht salzen und mit Ananas und Mandarinen garniert sofort auftragen.

Puterleberrisotto

300 g Puterleber, 250 g Langkornreis, 50 g Butter oder Margarine, ca. 1/2 l Brühe, 1 Stange Porree, 1 grüne Paprikaschote, 125 g Champignons aus der Dose, Salz, Pfeffer.

Die Hälfte des Fettes in einem Topf schmelzen lassen und den ungekochten Reis darin goldig anbraten. Dann die heiße Brühe dazugießen und den Reis bei mittlerer Hitze 15 Minuten kochen lassen. Die Leber waschen, trockentupfen und in Würfel schneiden. Den Porree in Ringe schneiden. Die Paprikaschote ausputzen und in Streifen schneiden. Die Champignons aus der Dose abtropfen lassen und evtl. kleinschneiden.
Die Leberwürfel in dem restlichen Fett anbraten, herausnehmen und das Gemüse andünsten. Evtl. etwas mehr Fett zugeben. Das Gemüse und die Leberwürfel vermischen und zugedeckt 5–6 Minuten schmoren lassen. Mit Salz und Pfeffer würzen. Die Leberwürfel und das Gemüse unter den Reis heben und weitere 5 Minuten schmoren lassen. Den Risotto in eine Schüssel geben, die Puterwürfel und das Gemüse darüber.

Puterleber vom Spießchen

400 g Puterleber, 200 g kleine Champignons, Paprika, 40 g durchwachsener Speck, 4 EL Öl, Salz.

Den Grill vorheizen und den Grillrost mit Öl bepinseln. Die Puterleber, falls tiefgefroren, fast ganz auftauen lassen, in grillspießgerechte Stücke schneiden.
Die Champignons, falls frische, putzen, wenn aus der Dose, gut abtropfen lassen.
Abwechselnd mit Paprika bestreute Leber, Speckscheiben und Pilze auf ein Spießchen reihen und mit Öl bestreichen. Im vorgeheizten Grill unter Wenden gar grillen. Kurz vor dem Essen mit Salz bestreuen.

Puterleber mit Ananas

500 g Puterleber, Salz, Pfeffer, 200 g gewürfelte Ananas.

Zum Grillen: 20 g Öl.

Zum Braten: 50 g Fett.

Puterleber unter fließendem Wasser waschen, tiefgefrorene gut auftauen lassen. Wenn ausreichend Zeit vorhanden, die Leberstücke einige Zeit in etwas Milch einlegen.
Grillen:
Puterleberstücke gut abtropfen lassen und mit Öl bepinseln. Auf die heiße Grillplatte oder Grillstäbe legen und von beiden Seiten rösten.
Braten:
Puterleberstücke nach Vorbehandlung gut abtropfen lassen. Fett in der Pfanne heiß werden lassen und die Leberstücke einlegen und von beiden Seiten braten.
Die Leberstücke – ob gegrillt oder gebraten – in Alufolie legen, einlegen, salzen und pfeffern, Ananasstücke zufügen und Alufolie schließen und leicht mit Wasser befeuchtet in die auf 225 Grad angeheizte Ofenröhre geben. Einige Minuten ziehen lassen und dann nach Öffnung der Alufolie auftragen.
Dazu paßt: körnig gekochter Curryreiß.

Saure Puterleber

400 g Puterleber, 2 EL Butter, 2 Zwiebeln, 1 EL Butter, 2 Tomaten, 1 EL Mehl, 1 Tasse heißes Wasser, 1 Glas Rotwein, 1 Lorbeerblatt, 1 Gewürznelke, $^1/_2$ TL Majoran, 1 TL Weinessig, 1 Prise Zucker, Pfeffer, Salz.

Die Zwiebeln fein hacken und in der Butter goldgelb anschmoren. Die Tomaten in Stückchen schneiden und zu den Zwiebeln fügen. Das Mehl darüberstäuben. Mit Wasser und Rotwein ablöschen. Aufkochen lassen und mit dem Lorbeerblatt, der Gewürznelke, dem Majoran, Essig, Zucker, Pfeffer und Salz abschmecken.
Die Leber in grobe Würfel schneiden und in der Butter anbraten. Die Sauce durch ein Sieb über die Leber gießen und auftragen.
Dazu passen: Spätzle und grüner Salat.

Tiroler Puterleber

4 Scheiben Puterleber, etwas Mehl, Butter zum Braten, 2–3 Zwiebeln, $1^1/_2$ EL Mehl, $^1/_8$ l Wasser oder Brühe, etwas Essig, Salz, Pfeffer, $^1/_8$–$^1/_4$ l saure Sahne, 4–6 Scheiben durchwachsener Speck.

Die Leber in Mehl wälzen und in heißer Butter rasch braten. Leber herausnehmen und warm stellen.
Zwiebeln in Ringe schneiden, in der heißen Butter rösten und über die Leber geben. Das Mehl in die Butter stäuben und mit Wasser oder Brühe ablöschen. Mit Essig, Salz und Pfeffer abschmecken. Nun die saure Sahne einrühren.
Speckscheiben in einer Pfanne rösten und mit der Leber und den Zwiebelringen anrichten. Die Sauce darübergießen.
Dazu passen: Salzkartoffeln und grüner Salat.

Gegrillte Puterleber

500 frische oder tiefgefrorene Puterleber, $^1/_4$ l Milch, 3 EL Öl, Salz, Pfeffer, Rosmarin, frisch oder getrocknet, 2 Äpfel, 3 mittelgroße Zwiebeln.

Die Puterleber, wenn tiefgefroren, gut auftauen lassen, in 1 cm dicke Scheiben schneiden (Messer muß scharf sein) und einige

Stunden in Milch legen. Danach mit Küchenpapier oder einem Tuch trockentupfen. Die Puterleberstücke auf beiden Seiten einölen, am besten durch das in einen tiefen Teller gegebene Öl ziehen, und dann von jeder Seite 2 Minuten auf dem vorgeheizten Grill oder in der Grillpfanne grillen.
Erst nach dem Braten salzen, da Leber bei vorzeitigem Salzen sofort hart wird. Die Puterleberstücke leicht mit Pfeffer bestreuen, besser ist Pfeffer aus der Mühle darübermahlen, und mit ganz wenig Rosmarin etwas Aroma geben.
Die Äpfel schälen und in 1 cm dicke Scheiben schneiden, Kerngehäuse entfernen. Die Zwiebeln schälen und so in Scheiben schneiden, daß bei leichtem Druck darauf Zwiebelringe entstehen. Apfelscheiben und Zwiebelringe leicht mit Öl benetzen und beide Zugaben etwa 8 Minuten grillen. Zusammen mit der warm gestellten, gegrillten Leber auftragen. Ideal ist es, wenn beides – die Leberstücke und die Zugaben, Apfelscheiben und Zwiebelringe – zu gleicher Zeit gegrillt werden können.
Dazu paßt: körnig gekochter Curryreis.

PUTERKLEIN

Die Zubereitung eines Puterkleingerichtes hängt nicht mehr wie früher vom Kauf eines ganzen Puters ab. Puterklein kommt allein, frisch oder tiefgekühlt, in den Handel. Und immer sind Leber, Herz und Magen, vielfach auch Flügelenden oder Hälse dabei. Aber die Leber sollten Sie nicht verwenden, wenn Sie Puterklein zubereiten. Sie wird während der Garzeit hart, krümelig und bitter. Dafür ist sie, frisch in Butter gebraten, ein ausgezeichnetes eigenes, als kleiner Imbiß oder als Abendessen geeignetes Gericht. Leider reicht sie meist nur für eine Person.

Eintopf von Puterklein »Provencale«

2000 g Puterklein (Hälse, Flügel), 1 Gurke, 2 Auberginen, 2 Zucchinis, 8 Tomaten, 500 g Zwiebeln, 2 EL Tomatenmark, Salz, Pfeffer, Knoblauch und Petersilie.

Hälse und Flügel in gleich große Stücke schneiden und mit Salz und Pfeffer würzen und in heißem Öl von allen Seiten anbraten. In Würfel geschnittene Zwiebeln und Knoblauch dazugeben und langsam mitrösten. Tomatenmark dazugeben und mit Rotwein aufgießen und herunterkochen lassen. Diesen Vorgang mit dem Rotwein dreimal wiederholen. Anstatt Rotwein kann auch Brühe verwandt werden.
Gurken, Auberginen, Zucchinis in gleich große Stücke schneiden und nach 30 Minuten dazugeben und mitschmoren lassen unter Beigabe von etwas Brühe.
Die abgezogenen, entkernten Tomaten in Spalten schneiden und am Schluß darunterheben. Mit gehackter Petersilie bestreuen.
Dazu passen: Weißbrot oder Kartoffeln.

Putersuppentopf »Frühlingsart«

2000 g Puterhälse und -flügel, 1 Stange Lauch, 300 g Karotten, 1/2 Knolle Sellerie, 1/2 Kopf Weißkohl, 2 Tomaten, 100 g Nudeln oder andere Teigwaren, Petersilie, Schnittlauch, Kerbel, Salz und Pfeffer.

Puterhälse und -flügel in leichtem Salzwasser mit Suppengrün gar kochen. Suppe passieren und das Geflügelfleisch von den Knochen lösen und in gleich große Stücke schneiden.
Das Gemüse in Würfel, Julienne oder Scheibchen schneiden und mit etwas Fett im Topf angehen lassen, mit der Geflügelbrühe aufgießen und gar kochen.
Am Schluß das Tomatconcasser (abgezogene, entkernte, in Würfel geschnittene Tomaten) und das Geflügelfleisch dazugeben.
Nach Geschmack kann auch mit Knoblauch gewürzt werden.

Wiener Backfleisch aus Puterklein

1. Puterhälse, Flügel, Unterkeulen in Salzwasser gar kochen. Von den Knochen lösen und in eine Form (Schüssel oder Backform) geben und mit einem Gewicht pressen. Gut erkalten lassen, aus der Form nehmen und in Scheiben schneiden, mit Salz, Pfeffer und Zitrone würzen. In Mehl, Ei und Semmelbrösel panieren und im schwimmenden Fett herausbacken.

2. In Scheiben schneiden, würzen wie oben und durch einen Backteig ziehen und ebenfalls in schwimmendem Fett herausbacken.

Bierteig:
500 g Mehl, 4 dl Bier, 1 dl Öl, 2 Eigelb, 1 Prise Zucker, 4 Eiweiß, evtl. eine Prise Muskat.

Weinteig:
Das gleiche, nur anstatt Bier Wein.

Das gesiebte Mehl in eine Schüssel geben, Eigelb und die Gewürze hinzugeben und nach und nach Bier oder Wein unterrühren. Kurz vor Gebrauch die steifgeschlagenen Eiweiß sorgfältig darunterziehen.

Puterklein »russische Art«

1 Puterklein (außer der Leber) 600 g, 1 Bund Suppengrün, 4 Pfefferkörner, 1 Lorbeerblatt, 1 Prise Ingwer, 1 Prise geriebene Muskatnuß, 1¹/₂ l Wasser, Salz, 4 säuerliche Äpfel, 3 kleine Kochbirnen, 6 reife oder eingelegte Pflaumen, 30 g Fett, 30 g Mehl, weißer Pfeffer, je 1 EL eingeweichte Rosinen und Zucker, 2 EL Essig.

Puterklein unter kaltem Wasser abspülen. Mit Haushaltspapier trockentupfen. Suppengrün putzen, waschen, würfeln. Mit dem Puterklein, Pfefferkörner, Lorbeerblatt, Ingwer und Muskat in einen Topf mit kochendem Wasser geben, salzen und 60 Minuten lang kochen lassen.
In der Zwischenzeit Äpfel und Birnen schälen und halbieren. Kerngehäuse entfernen. In grobe Würfel schneiden. Pflaumen wa-

schen, entkernen. Alles getrennt in kleinen Töpfen mit wenig Wasser weichdünsten. Abtropfen lassen und warm stellen. Puterklein aus der Brühe nehmen und Brühe durchsieben. Fleisch von den Knochen lösen und in mundgerechte Stücke schneiden. Auch die Innereien. Warm stellen.
Fett in einem Topf erhitzen, Mehl einrühren. Etwa $^1/_2$ l Brühe aufgießen, aufkochen lassen und mehrmals umrühren. Sauce mit Salz und Pfeffer abschmecken.
Eingeweichte Rosinen, Fleisch und Obst in einem Topf mit der Sauce mischen und aufkochen. Mit Zucker und Essig kräftig süßsauer und sehr pikant abschmecken.
Dazu passen: Kartoffelpüree oder grüne Kartoffelklöße.

Puterklein auf »Braunschweiger Art«

500 g Puterklein (Flügel und Innereien – ohne Leber –), 1 Zwiebel (40 g), 1$^1/_2$ l Wasser, Salz, 250 g Rinderhack oder 250 g Schweinehack, Pfeffer, 2 EL Semmelbrösel (20 g), 50 g Butter, 50 g Mehl, $^1/_8$ l Sahne, Muskat, 1 TL Zitronensaft, etwas abgeriebene Schale einer halben Zitrone, 250 g Spargelspitzen aus der Dose, 150 g Champignons aus der Dose, 1 Bund Petersilie, $^1/_2$ Bund Dill.

Puterklein unter fließend kaltem Wasser abspülen und abtropfen lassen. Die Zwiebel schneiden und fein hacken oder reiben. Die 1$^1/_2$ l Wasser leicht salzen und das Fleisch zusammen mit dem Zwiebelhack darin 60 Minuten kochen. Damit die Flüssigkeit verdunsten kann, muß der Topf während des Kochens offen bleiben.
Das Puterklein aus der Brühe herausnehmen. Brühe durchsieben und wieder in den Topf füllen. Schwach weiterkochen lassen.
Das Rinder- oder Schweinehack mit Salz, Pfeffer, Semmelbrösel und den kleingehackten Puterinnereien mischen und kleine Klößchen von etwa 1$^1/_2$ cm Durchmesser aus der entstandenen Masse formen.
Die Butter in einem Topf erhitzen und das Mehl einrühren. Unter Weiterrühren mit Brühe ablöschen. Die Klößchen eingeben und alles 8 Minuten lang kochen lassen und zum Schluß die Sahne leicht einrühren. Den Topf vom Herd nehmen und das Gericht mit Mus-

kat, Zitronensaft und der abgeriebenen Schale einer Zitrone abschmecken.
Die Spargelspitzen und Champignons in einem Sieb abtropfen lassen. Falls die Champignons ganz sind, diese blättrig schneiden. Das Puterklein von Haut, Knochen und evtl. Sehnen befreien und in mundgerechte Stücke schneiden. Zusammen mit den Spargelspitzen und den Champignons in die Sauce geben und alles ohne umzurühren erhitzen, aber nicht mitkochen lassen. Petersilie und Dill waschen, trockentupfen, fein hacken und das Gericht damit bestreuen und auftragen.
Dazu passen: mit Erbsen vermischter körniger Reis, Salzkartoffeln oder frisches Reisbrot.

Puterklein »Bamberger Art«

1 Puterklein (außer der Leber), 600 g, 1 Bund Suppengrün, 2 Zwiebeln (120 g), 1/4 l Weißwein, 1/4 l Wasser, 4 Pfefferkörner, 2 Wacholderbeeren, 30 g Butter, 30 g Mehl, Zucker, Salz, geriebene Muskatnuß, 2 EL Meerrettich, 1/2 Glas Weißwein, 1/8 l Sahne, 1 EL gehackte Petersilie.

Dieses Rezept stammt aus Bamberg in Oberfranken. Es ist eine süddeutsche Spezialität, die zu probieren sich bestimmt lohnt, selbst wenn die Zubereitung etwas Zeit erfordert.
Puterklein abspülen. Mit Haushaltspapier abtrocknen. Suppengrün putzen, waschen, würfeln. Zwiebeln schälen, vierteln. Wein und Wasser in einem Topf aufkochen. Alle diese Zutaten, auch Pfefferkörner und Wacholderbeeren, in den Topf geben und 60 Minuten garen. Das Puterklein aus der Brühe nehmen und die Brühe durchsieben. Butter in einem Topf erhitzen und Mehl einstreuen und dann Brühe ablöschen. Aufkochen und 7 Minuten kochen lassen. Mit Zucker, Salz, Muskat und Meerrettich pikant abschmekken. 1/2 Glas Weißwein dazugießen. Vom Herd nehmen und die Sahne einrühren.
Puterklein häuten und von den Knochen lösen. Fleisch in mundgerechte Stücke schneiden und in der Sauce erhitzen. Mit Petersilie bestreut auftragen.
Dazu passen: Salz- oder Röstkartoffeln oder Bandnudeln mit brauner Butter.

Puterklein »Deutsche Art«

500 g Puterklein, 1 Bund Suppengrün, 1 Zwiebel (40 g), 3 Gewürznelken, 1 Lorbeerblatt, 1 l Wasser, Salz, 1 EL Butter, 1 EL Mehl, 1 Eigelb, $^1/_8$ l Sahne, 1 EL Zitronensaft, 1 Bund Petersilie.

Das Puterklein unter kaltem Wasser abspülen, falls tiefgefroren, vorher auftauen, abtropfen lassen. Suppengrün putzen, waschen und in Stücke schneiden. Die Zwiebel schälen und dann die Nelken und das Lorbeerblatt einspicken.
1 Liter Salzwasser in einem Topf erhitzen und das Puterklein 60 Minuten darin kochen lassen. Danach aus der Brühe nehmen und warm stellen. Brühe durchsieben. Butter in einem Topf erhitzen, Mehl einrühren. Durchschwitzen lassen. Unter Rühren $^1/_2$ Liter Brühe langsam zugeben. Noch 8 Minuten lang kochen lassen, vom Herd nehmen. Eigelb mit Sahne und etwas Sauce verquirlen und in die Sauce einrühren. Mit Zitronensaft abschmecken.
Von dem gekochten Puterklein die Knochen, die Haut und evtl. Sehnen entfernen und das Fleisch in mundgerechte Stücke schneiden. Diese in die Sauce geben und alles nochmals erhitzen, aber nicht mehr aufkochen lassen.
Petersilie waschen, hacken und das fertige Puterkleingericht vor dem Auftragen damit bestreuen.

PUTERROLLBRATEN

Allgemeines

Der Puterrollbraten hat einen großen Vorteil für jede Küche. Es ist ein Braten, der soweit fertig vorbereitet ist, daß er praktisch nur noch in den Bratofen geschoben zu werden braucht. Allein die zugehörige Sauce macht noch ein bißchen Arbeit.
Den Rollbraten, soweit tiefgefroren, vorher – wenn es eilt im leicht angeheizten Backofen – auftauen lassen, mit Haushaltspapier trockentupfen und mit Salz und Pfeffer gut einreiben (etwas

eindrücken), mit Öl bestreichen und in einer Bratpfanne in den Bratofen schieben. Rundum so lange anbraten, bis der Braten Farbe bekommen hat – dann, damit schneller ein Bratenfond entsteht – etwas möglichst warmes Wasser zugießen. Der Bratenfond ist zum Übergießen wichtig, damit der Braten nicht trocken wird. Die durchschnittliche Bratzeit beim Rollbraten beträgt etwa 75 Minuten. Puterrollbraten läßt sich auch sehr gut in Alufolie zubereiten.

Puterrollbraten

1 frischer oder tiefgefrorener Puterrollbraten von etwa 1200 g, Salz, weißer Pfeffer, 2 EL Öl zum Bestreichen (20 g).

Für die Sauce: 150 g Zwiebeln, 2 Möhren (100 g), 1 weiße Rübe (60 g), 1 kleines Stück Sellerie (60 g), 1 kleine Stange Lauch (60 g), 1/2 Bund Petersilie, 2 EL Öl (20 g), 1/2 l heiße Fleischbrühe aus Würfeln, 3 EL Sahne (45 g), Salz, frisch gemahlener schwarzer Pfeffer.

In die unterste Schiene des vorgeheizten Bratofens die Fettpfanne einschieben. Den Puterrollbraten auf den Bratenrost legen und diesen in die mittlere Schiene einschieben. Den Rollbraten rundum anbraten, bis er Farbe hat.
Für die Sauce Zwiebeln, Möhren, weiße Rübe und Sellerie putzen, waschen, abtropfen lassen und in Scheiben schneiden. Lauch und Petersilie abspülen und abtrocknen. Lauch in Ringe schneiden und die Petersilie fein hacken. Dann zuerst die Zwiebeln und darauf das übrige Gemüse und zum Schluß die Petersilie in die Fettpfanne füllen. Dann mit Öl und 3 EL Fleischbrühe beträufeln. Danach etwa 1/4 l heiße Fleischbrühe zugießen. Den Rollbraten nach der halben Bratzeit von etwa 45 Minuten wenden. Während der Bratzeit öfter mit dem Bratenfond aus der Fettpfanne begießen.
Sobald der Braten fertig ist, aus dem Ofen nehmen und nicht sofort anschneiden, sondern 5 Minuten auskühlen lassen, damit er sich gut schneiden läßt. Die Faden entfernen und das Fleisch in 1 1/2 cm dicke Scheiben schneiden. Auf einer vorgewärmten Platte anrichten und warm stellen.

Den Bratenfond mit etwas zurückbehaltener Fleischbrühe ablöschen und zur Hälfte einkochen lassen. Man kann dann den Fond durch ein Sieb streichen und Sahne einrühren oder aber den ganzen Fond mit den Kräutern und Gemüsen zu dem Braten geben. Mit Salz und Pfeffer abschmecken und den Fond über den Braten gießen.

Puterrollbraten »Esterhazy«

800 g Puterrollbraten, 100 g Öl oder Fett, 2 Karotten, 1 Stange Lauch, 1/2 Knolle Sellerie, 1 Zwiebel, 50 g Mehl, 1 EL Tomatenmark, 1/8 l Rotwein, 1/4 l Sahne, Salz und Pfeffer.

Den Rollbraten rundum anbraten und die Zwiebel und die Gemüseabgänge im Bratenfond leicht anrösten. Tomatenmark hinzugeben, mit Mehl bestäuben und, wenn vorhanden, mit Brühe, sonst mit warmem Wasser aufgießen. Das Fleisch in der Sauce fertig garen, die Sauce passieren und mit Sahne und Rotwein verfeinern. Gemüse in feine Streifen schneiden, in etwas Butter weich dünsten und in die fertige Sauce geben oder über den in Scheiben geschnittenen Rollbraten verteilen.
Dazu passen: Spätzle, Püree oder Knödel.

Puterrollbraten mit Champignons

1000 g Puterrollbraten, 2 EL Butter, Salz, Pfeffer, 200 g Champignons, Stärkemehl, 2 EL Sahne.

Den Braten mit Salz und Pfeffer einreiben und in heißer Butter von allen Seiten braun anbraten. Mit etwas Brühe oder Wasser aufgießen. Im Backofen bei Mittelhitze zuerst zugedeckt, später offen braten, zwischendurch begießen. Wenn der Braten fast gar ist, die zerschnittenen Champignons zugeben.
Vor dem Anrichten die Sauce mit etwas Stärkemehl binden und mit Sahne verfeinern.
Dazu passen: Kartoffelpüree und junge Erbsen.

Puterrollbraten »Hawaii«

1000 g Puterrollbraten, 3 EL Butter, Salz, Pfeffer, einige Scheiben Frühstücksspeck, etwas frischer oder getrockneter Estragon oder Salbei, 1 Zwiebel, 1 Karotte, 1 Brotrinde, 1 Glas Weißwein, Brühe.

Außerdem: Madeira, geviertelte Ananasscheiben, rote Sauerkirschen, Bananen.

Das kurz überspülte Fleisch leicht abtrocknen. In der Bratenpfanne Butter rauchheiß werden lassen und den Braten darin dann rundum braun anbraten. Dann salzen und pfeffern und mit Speckscheiben abdecken. Mit Zwiebel, Karotte, Brotrinde, Salbei oder Estragon offen in den auf 250 Grad vorgeheizten Bratofen, mittlere Schiene, schieben und oft begießen. Wenn die Butter verbrutzelt und der Braten gebräunt ist, nach und nach Weißwein und heiße Brühe zugießen. Deckel auf die Bratenpfanne geben, Hitze auf 200 Grad verringern und den Braten unter weiterem häufigen Begießen fertig garen.

10 Minuten vor dem Herausnehmen müssen der Deckel abgenommen und die Speckscheiben entfernt werden, damit die Oberfläche schön goldbraun und knusprig wird.

Nach der Bratzeit von etwa 60 Minuten den Braten herausnehmen. 5 Minuten stehen lassen und die Fäden entfernen und warm stellen.

Den Fond mit etwas Madeira loskochen und durch ein Sieb streichen. Den Braten in 1½ cm dicke Scheiben schneiden, diese auf einer vorgewärmten Platte anrichten und mit geviertelten Ananasscheiben, roten Sauerkirschen und halbierten, in Butter gedünsteten Bananen garnieren.

Puterrollbraten »Hausbecher O'Rum«

1000–1200 g vorbereiteter Puterrollbraten, Salz, Pfeffer, 100 g dünne Speckscheiben, 1/8 l saure Sahne, Zitronensaft, Mehl.

Für den Hausbecher O'Rum: 75 g Rosinen, 5 EL Rum, 1 EL Zucker, 125 g Schlagsahne, 2 Blatt weiße Gelatine, 1 Hausbecher Eiscreme Nuß.

Den Braten mit Salz, Pfeffer einreiben und mit den Speckscheiben umwickeln. In eine niedrige Pfanne oder auf den Rost legen und etwa 30 Minuten braten. Dann die Speckscheiben entfernen, die Pfanne mit etwas Wasser aufgießen und das Fleisch garen. Wenn die Oberfläche schön braun und das Fleisch weich ist, den Braten aus der Pfanne nehmen. Den Bratenfond mit wenig Wasser lösen, Sahne zugeben, mit einigen Tropfen Zitronensaft säuern und mit etwas Mehl binden. Nach Geschmack auch 1/2 Dose Champignons zugeben.
Dazu passen: grüne Erbsen mit Spargelstücken und Kartoffelpüree.
Für den Hausbecher O'Rum Rosinen über Nacht in einer Mischung aus Rum und Zucker zugedeckt weichen lassen (oder, wenn es schnell gehen muß, in heißem Rum zugedeckt erkalten lassen). Vor dem Anrichten die Rumrosinen unter die steifgeschlagene Sahne heben und die eingeweichte, aufgelöste Gelatine unterziehen. Die Sahnemasse als Haube über das Eis im Becker ziehen.

Puterrollbraten besonders gewürzt

1 Puterrollbraten von etwa 1000 g, 50 g Scheiben aus durchwachsenem Speck, weißer Pfeffer, Salz, 50 g Butter oder Margarine.

Puterrollbraten kräftig mit weißem Pfeffer und einem anderen Gewürz – nach Geschmack – Rosmarin, Majoran, Oregano, Selleriesalz, Dill, und wer etwas wagen will, einmal mit etwas Beifuß einreiben.
Auch die Verwendung von Olivenöl anstatt Butter oder Margarine gibt dem Rollbraten einen etwas anderen Geschmack.

Fett in einer Bratenpfanne heiß werden lassen und den Rollbraten einlegen und mit darauf befestigten Speckscheiben rundum braun anbraten.
Je nach Größe des Rollbratens 40–60 Minuten bei Mittelhitze braten und dabei des öfteren begießen. Die Oberfläche wird knusprig, wenn man mehrmals mit Fett nachpinselt. Eine besonders gute Bräune erreicht man, wenn der Braten kurz vor dem Ablauf der Bratzeit mit etwas Zuckerlösung bepinselt wird. Nach dem Bräunen wird der Rollbraten gesalzen.
Der Puterrollbraten läßt sich auch in einer Alufolie zubereiten, doch dann ohne Speckscheiben.
Puterrollbraten soll man vor dem Aufschneiden etwas abkühlen lassen.

Puterrollbraten mit Früchten

1 Puterrollbraten von etwa 1000 g, Salz, weißer Pfeffer, 1 Zitrone, 40 g Kokosfett, ½ l heißes Wasser, 500 g grüne Weintrauben, 8 Pfirsichhälften aus der Dose (820 g), 1 TL Speisestärke (10 g), 2 EL Sahne (30 g), 1 Prise Zucker, 40 g Butter.

Puterrollbraten, wenn tiefgefroren, vorher auftauen, unter kaltem Wasser abspülen, mit Haushaltspapier trockentupfen und Salz und Pfeffer mit leichtem Druck einreiben.
Kokosfett in einer Bratenpfanne erhitzen. Zitrone (weil Schale evtl. gespritzt) gründlich mit heißem Wasser abwaschen und die Schale dünn abschälen. Puterrollbraten und Zitronenschalen reingeben. Den Braten rundum 10 Minuten lang goldbraun anbraten. Mit heißem Wasser übergießen. Bratenpfanne in den vorgeheizten Bratofen in die unterste Schiene einschieben und etwa 75 Minuten braten, doch die Zitronenschalen nach 20 Minuten herausnehmen.
Innerhalb der Bratzeit die Weintrauben waschen, abtropfen lassen und danach die Beeren von den Stielen zupfen, abziehen, halbieren und entkernen. Die Hälfte der Weinbeeren durch ein Sieb geben oder im Mixer passieren. Die übrigen Beeren zugedeckt beiseite stellen.
Pfirsiche waschen und auf einem Sieb abtropfen lassen oder trokkentupfen.

Puterrollbraten aus der Bratenpfanne nehmen und warm stellen. Bratenfond durch ein Sieb in einen Topf gießen und die passierten Weinbeeren zugeben. Speisestärke mit wenig kaltem Wasser in einer Tasse verquirlen und in den Bratenfond rühren. Einmal aufkochen lassen. Topf vom Herd nehmen. Sahne reinrühren. Mit Zucker, Salz und Pfeffer abschmecken. Warm stellen.
Butter in einer Pfanne erhitzen. Pfirsichhälften und die abgezogenen Weinbeeren darin 5 Minuten dünsten.
Puterrollbraten, damit die Festigkeit nicht leidet, 5 Minuten leicht abdampfen lassen. Fäden vom Puterrollbraten lösen und Fleisch in $1^1/_2$ cm dicke Scheiben schneiden. Auf einer vorgewärmten Platte anrichten und die Pfirsichhälften rundum legen. In jede Pfirsichhälfte eine Weinbeere legen.
Sauce erhitzen, aber nicht mehr kochen lassen. 4 EL Sauce über das Fleisch gießen. Die restliche Sauce in einer Saucenschüssel auftragen.

Puterrollbraten im Tontopf

250–300 g Puterrollbraten, Salz, Pfeffer, Paprika, edelsüß, getrocknete Pilze.

Den Tontopf 30 Minuten wässern. Die getrockneten Pilze in kaltem Wasser einweichen. Puterrollbraten waschen, abtrocknen und mit Salz, Pfeffer und Paprikapulver würzen, dabei Gewürze etwas eindrücken. In den Tontopf legen und die Pilze um das Fleisch verteilen. Deckel auf den Topf und in den kalten Bratofen schieben. Das Fleisch bei 220 Grad etwa $1^1/_2$ Stunden garen. Danach den Deckel abnehmen, den Tontopf auf den Rost stellen, den Puterrollbraten mit Bratenfond begießen und bräunen. Mindestens 5 Minuten abkühlen lassen und erst dann in gleichmäßige Scheiben schneiden und diese mit Bratenfond übergießen.
Dazu passen: Salat, Spargel, Blumenkohl, Salzkartoffeln.

PUTERSUPPEN

Puterfrühlingssuppe

Die Frühlingssuppe ist wohl eine der beliebtesten Suppen vom Haushalt bis zum Feinschmeckerlokal. Dies ist kein Wunder, denn sie enthält außer Geflügel- bzw. Puterbrühe nur zartes, junges Gemüse. Dank der Tiefkühltechnik ist die Zubereitung aber heute nicht mehr an den Frühling gebunden, da es die zartesten Gemüse heute tiefgefroren zu jeder Jahreszeit gibt. Die Frühlingssuppe ist ein ausgesprochenes Vorgericht.

500–800 g Puterfleisch (Brust, Ober- oder Unterschenkel oder Putersuppenfleisch). Daraus eine Grundsuppe kochen. 100 g Möhren, Spargel, Kohlrabi, Blumenkohl, grüne Bohnen, 300 g junge Erbsen, Salz, Zucker, 1 Bund Petersilie oder Schnittlauch.

Möhren, Spargel, Kohlrabi waschen. Dann schälen und in gleich lange Streifen schneiden. Blumenkohl putzen und in Röschen teilen. Bohnen waschen und wenn nötig, Fäden abziehen und in 3–4 cm lange Streifen schneiden. Falls Frischerbsen, aus den Hülsen auspahlen, falls tiefgefroren, auftauen lassen.
Die zuvor zubereitete Fleischbrühe – das Fleisch vorher herausnehmen – in einem Topf aufkochen lassen und Möhren-, Spargel- und Kohlrabistreifen eingeben und 10 Minuten lang leicht kochen lassen. Dann kommen die Blumenkohlröschen, die Bohnenstreifen und die jungen Erbsen dazu. Etwa noch 15 Minuten leicht köcheln lassen. Vom Herd nehmen und mit Salz und Zucker abschmecken und kleingehackte Petersilie oder feingeschnittenen Schnittlauch darüberstreuen und auftragen.

Suppe von Puterknochen

Puter haben aufgrund ihres großen Gewichts einen viel größeren und kräftigeren Knochenbau als anderes Geflügel. Es lohnt sich deshalb, die Puterknochen und das Putergerippe roh oder nach der Zubereitung eines Bratens für eine Suppe auszukochen. Soweit

nicht genügend Knochen für eine Suppenmahlzeit auf einmal vorhanden sind, empfiehlt es sich deshalb, diese im Gefrierschrank oder Gefrierfach (nicht Kühlschrank) so lange zu sammeln, bis für das Auskochen genügend zusammengekommen sind.
Die Knochen werden fein zerschlagen oder mit einer Geflügelschere zerbrochen. Solche Scheren haben eine kleine Ausbuchtung, in welche Knochen eingerastet und dann mit leichtem Druck zerbrochen werden können.
Die zerbrochenen Knochen werden in Fett scharf angeröstet und wenn sie braun sind, mit Wasser aufgegossen. Dann gibt man eine Zwiebel und Suppengrün daran und kocht sie wenigstens 60 Minuten tüchtig aus.
Die Suppe wird, der evtl. Splitter halber, gesiebt, dann mit etwas saurem Rahm und Muskatnuß abgeschmeckt und mit Grieß oder Mehl eingedickt oder mit Suppennudeln versehen.

Putersuppe aus Bratenresten

Das Gerippe und die Knochen eines großen Puterbratens und evtl. -fleischreste, 200 g Rinderknochen, 1 Bund Suppengrün, 1 kleine Zwiebel, 1 kleine Knoblauchzehe, Salz, 1 Prise Zucker, 1 Hauch Basilikum, 2 Wacholderbeeren, 2 l Wasser, 1 Glas (4 cl) trockener Sherry, $^1/_2$ Bund Petersilie.

Putergerippe und -knochen zerkleinern (Zange) und zusammen mit den Rinderknochen, dem geputzten, gewaschenen, zusammengebundenen Suppengrün, der geschälten, geviertelten Zwiebel, der geschälten, mit Salz zerdrückten Knoblauchzehe und den Gewürzen ins gesalzene Wasser geben. Aufkochen. Hitze reduzieren und die Suppe 120 Minuten leicht aber ständig kochen lassen.
Knochen und Suppengrün in ein Sieb geben und die Suppe in einen Topf darunter laufen lassen. Gute Stücke aus dem Suppengrün herausnehmen und wieder in die Suppe geben. Soweit Fleisch an den Knochen, dies abschneiden und ebenfalls in die Suppe geben. Alles noch einmal aufkochen. Mit dem Sherry abschmecken und mit der gewaschenen, gehackten Petersilie bestreut auftragen.

Putergeflügelcremesuppe

Alle Putergeflügelcremesuppen werden als besonders feine Vorsuppen gereicht.
Geflügelcremesuppe ist eine feine Sache für Hausfrauen, die bemüht sind, den Speisezettel abwechslungsreich zu gestalten. Man braucht dazu nur eine ausreichende Menge »Geflügelcremesuppe als Grundlage« zuzubereiten. Durch vielfältige Beigaben kann man jederzeit aus der Grundsuppe (möglichst genügend eingefrieren) geschmacklich sehr unterschiedliche Suppen feinster Art (aus Tassen) auf den Tisch bringen, z. B. Geflügelcremesuppe mit Röstbratwürfeln, mit Schinkenstreifen, mit Kokosmilch, mit Tomatenmarkzugabe, mit grünem Pfeffer, mit etwas Meerrettich usw.
Stets entsteht eine geschmacklich stark unterschiedliche Suppe.

Putergeflügelcremesuppe – Grundrezept

1500–2000 g Puterklein oder Puterflügel oder mehr, je nachdem, wieviel Grundsuppe man zubereiten will. 1 Bund Suppengrün, 1 kleine Zwiebel (30 g), 5 Pfefferkörner, Salz, 50 g Butter oder Margarine, 50 g Mehl.

Das Puterklein unter fließendem Wasser waschen, falls tiefgefroren, ist Auftauen nicht nötig, nur wird die Kochzeit etwas länger. Das Suppengrün putzen und kurz unter fließendem Wasser abspülen und dann in Stücke schneiden. Die Zwiebel schälen und fein hacken oder reiben. Alles mit den Pfefferkörnern und Salz in einen ausreichend großen Topf geben, weil der Inhalt stark aufschäumen kann, dann so viel Wasser aufgießen, daß alles gut bedeckt ist. 90 Minuten kochen. Puterfleisch aus dem Topf nehmen, dabei gut abtropfen lassen. Die entstandene Brühe etwa auf die Hälfte bei geöffnetem Topf eindicken lassen und dann die Brühe durchsieben. Butter oder Margarine in einem anderen Topf erhitzen und das Mehl einstreuen. Unter Rühren mit Puterbrühe ablöschen. 5 Minuten lang kochen lassen. Das Puterfleisch kann noch für ein anderes Gericht verwendet werden.
Die so entstandene Geflügelcremesuppe kann man so auf den Tisch bringen oder durch Einlagen oder Überstreuungen auch zu

anderen ebenfalls delikaten Cremesuppen leicht und schnell verändern.
Alle Putercremesuppen sollten als besonders feine Vorsuppen in Suppentassen gereicht werden.

Putergeflügelcremesuppe mit Rostwürstchen

1 l Putergeflügelcremegrundsuppe, 3/8 l Sahne, 2 Eigelb, geriebene Muskatnuß, Salz, weißer Pfeffer, 1 EL Zitronensaft, 4 Scheiben Toastbrot (80 g), 40 g Butter, Puterfleisch von Flügeln oder Schenkeln oder Puterklein

Grundsuppe in einem Topf erhitzen und die Sahne einrühren. 5 Minuten kochen lassen und vom Herd nehmen. Die Eigelb in einer größeren Tasse mit etwas Suppe verquirlen und in die Suppe einmengen. Mit geriebener Muskatnuß, Salz, Pfeffer und Zitronensaft abschmecken und warm stellen.
Butter in einer Pfanne erhitzen und die Toastscheiben würfeln und in der erhitzten Butter braun rösten. Puterfleisch oder Puterklein in mundgerechte Stücke schneiden und in die Suppe geben. Vor dem Auftragen die gerösteten Weißbrotwürfel oben auf die Suppe streuen.

Putergeflügelcremesuppe mit Schinken

1 l Geflügelcremegrundsuppe, 150 g gekochter magerer Schinken, 2 rote Paprikaschoten (300 g), 1/4 l Sahne, 2 Eigelb, 1 EL Curry, 2 Glas (je 2 cl) Sherry.

Schinken in 3 cm lange dünne Streifen schneiden. Einige zum Garnieren aufheben. Paprikaschoten halbieren, ausputzen, waschen und in Streifen schneiden. Beides in die heißgemachte Suppe geben und 5 Minuten lang kochen lassen und dann beiseite stellen.
Sahne, Eigelb und etwas Suppe verquirlen und in die Suppe einrühren. Mit Curry würzen, den Sherry eingeben und – wenn die Suppe nicht mehr kochendheiß ist – mit einigen zurückbehaltenen Schinkenstreifen, die auf die Oberfläche der Suppe aufgelegt werden, garnieren.

Putergeflügelcremesuppe mit Kokosmilch

1 l Geflügelcremegrundsuppe, 1/2 frische Kokosnuß (250 g), 1/4 l Milch, 2 Eigelb, 1/8 l Sahne, 8 rote eingelegte Paprikastreifen zum Garnieren.

Den aus der Schale genommenen Kokosnußkern fein reiben und mit kochender Milch übergießen. Abkühlen lassen und dann durch ein Sieb geben und dabei die Kokosraspeln etwas ausdrücken. Die so entstandene Kokosmilch mit Eigelben verquirlen und in die heiße, aber nicht mehr kochende Suppe einrühren. Suppe in Suppentassen geben und Sahne obenaufgießen oder besser, geschlagene Sahne auftupfen und Paprikastreifen darüberlegen – was sehr hübsch aussieht.

Putergeflügelcremesuppe mit Röstbratwürfeln

1 l Geflügelcremegrundsuppe, 3/8 l Sahne, 2 Eigelb, geriebene Muskatnuß, Salz, weißer Pfeffer, 1 EL Zitronensaft, 4 Scheiben Toastbrot (80 g), 40 g Butter, Puterfleisch ohne Haut in Würfeln aus dem Puterkörper oder dem Puterklein schneiden.

Grundsuppe in einem Topf erhitzen und die Sahne einrühren. 5 Minuten lang kochen lassen und dann vom Herd nehmen. Die Eigelb mit etwas Suppe verquirlen und in die Suppe einrühren. Mit geriebener Muskatnuß, Salz, Pfeffer und Zitronensaft abschmekken, warm halten.
Die Toastbrotscheiben würfeln, Butter in einer Pfanne erhitzen, Brotwürfel darin knusprig braun anrösten. Das in mundgerechte Würfel geschnittene Puterfleisch – evtl. leicht angebraten – in die Suppe geben.
Vor dem Auftragen – möglichst in Suppentassen – die angerösteten Weißbrotwürfel auf die Suppe streuen.

Putersuppe mit Champignons und Krabben

800–1000 g Puterteile oder Puterklein, 40 g Butter, 40 g Mehl, Salz, Pfeffer, 1 Dose Champignons, einige Tropfen Zitronensaft, 100 g geschälte Krabben.

Aus den Puterteilen oder Puterklein eine Brühe kochen und diese durchsieben. Verwendbares Fleisch oder verwendbare Teile des Puterkleins klein schneiden und zur Seite stellen. Mehl in Butter hell anschwitzen, dann nach und nach die Puterbrühe dazugeben und nochmals durchkochen lassen. Die Champignons und Krabben hinzufügen, wieder kurz aufkochen lassen und mit Salz, Pfeffer und einigen Tropfen Zitronensaft abschmecken.

Puterkraftbrühe

1500 g Puterteile, Unterschenkel, Flügel, 3 EL Öl (30 g), 200 g mageres Rindfleisch zum Kochen, 2 Möhren (80 g), 1 Stange Lauch (150 g), 2 l Wasser, Salz, 1 Eiweiß.

Puterteile unter fließendem kalten Wasser abspülen. Mit Haushaltspapier trockentupfen und in heißem Öl in einem Bräter gut anbraten.

Das Rindfleisch grob hacken, Möhren und Lauch putzen und waschen und in Scheiben schneiden. Salzwasser in einem großen Topf aufkochen. Puterteile, Rindfleisch und Gemüse reingeben und 60 Minuten kochen lassen. Puterteile aus der Brühe nehmen und das Puterfleisch beliebig für andere Gerichte weiter verwenden.

Eiweiß mit 3 EL kaltem Wasser verquirlen und in die Brühe einrühren. Brühe leicht erkalten lassen, dann durch ein sauberes Leinentuch gießen. Wieder erhitzen und abschmecken.

In diese Puterkraftbrühe kann man verschiedene Einlagen wie Faden-, Sternchen- oder andere kleine Suppennudeln einlegen.

Dicke Putersuppe

1 Puterunterschenkel, 250 g Nudeln, Gewürze.

Der Puterunterschenkel wird mit reichlich Suppengrün und Zwiebeln langsam gar gekocht. Dann gibt man die Suppe durch ein Sieb, gießt sie über die gekochten Nudeln und gibt das kleingeschnittene Fleisch hinein. Die Suppe wird mit Petersilie oder Schnittlauch aufgetragen.

Ardenner Putersuppe

Puterfleischreste und das Gerippe eines gebratenen verzehrten Puters, 1 Bund Suppengrün, Salz, 3 Wacholdlerbeeren, 60 g fetter Speck, 30 g Mehl, schwarzer Pfeffer, 1 Glas Portwein, 1 mittelgroße Dose Pfifferlinge, 1 Bund Petersilie, 4 TL Sahne.

Fleischreste von gebratenem Puter in gleichmäßige Streifen schneiden. Knochengerippe und Einzelknochen mit Haushaltszange oder Geflügelschere zerkleinern, notfalls mit einem Hammer, in 1 l Salzwasser aufsetzen und 1½ bis 2 Stunden leicht brodelnd kochen lassen. Das gewaschene, kleingeschnittene Suppengrün dazugeben. Die Wacholderbeeren in ein kleines Mullsäckchen füllen und dieses in die Suppe hängen, 30 Minuten durchkochen.
Gewürfelten Speck in einem anderen Topf auslassen. Mehl darüberstäuben und braun anschwitzen. Mit der durchgesiebten Knochenbrühe auffüllen, Pfeffer einstreuen und den Portwein dazugießen.
Daraufhin das kleingeschnittene Fleisch und die abgetropften Pfifferlinge dazugeben und alles noch 5 Minuten kochen lassen.
Wacholderbeeren herausnehmen. Suppe in eine Suppenschüssel füllen und mit gehackter Petersilie bestreuen. Ungeschlagene Sahne einlaufen lassen und nochmals mit der Pfeffermühle darübergehen.

Puterleberknödelsuppe

500 g Puterleber, 6 alte Semmeln, 1/8 l warme Milch, 1 zerschnittene Zwiebel, 100 g Speck, 2 Eier, 2 EL feingewiegte Petersilie, 1 TL Majoran, 3–4 EL Semmelbrösel, Salz, Pfeffer, Fleischbrühe, Schnittlauch, Petersilie.

Die Semmeln in Scheiben schneiden, in eine Schüssel geben und in der Milch 30 Minuten aufweichen lassen.
Die Puterleber in Stücke schneiden und mit der Zwiebel und dem Speck durch den Fleischwolf drehen, Eier, Petersilie, Majoran und Semmelbrösel dazugeben und gut verrühren. Jetzt mit Salz und Pfeffer abschmecken und die Masse 30 Minuten ruhen lassen.
Anschließend Knödel aus der Masse formen und diese in siedendem Salzwasser etwa 15 Minuten gar ziehen lassen. Herausnehmen, in die Fleischbrühe legen. Mit Schnittlauch und Petersilie verfeinern.

Puterleberpüreesuppe

250 g Puterleber, 1 Petersilienwurzel, 1/2 Sellerieknolle, 1–2 Möhren, 1–2 Zwiebeln, 30 g Butter.

Für die Mehlschwitze: 50 g Butter, 50 g Mehl, Salz, Pfeffer, 1 1/4 l Wasser.

Zum Bestreuen: 2 Brötchen, 10 g Butter.

Petersilienwurzel, halbe Sellerieknolle und Möhren waschen, putzen und in gleichmäßige Scheiben schneiden. Zwiebeln würfeln und mit dem Gemüse in Butter anrösten. Leber grob würfeln und zufügen. 5 Minuten unter öfterem Umrühren scharf braten.
Nun alles durch einen Fleischwolf drehen. Eine Mehlschwitze herstellen, mit Salz und Pfeffer abschmecken und mit dem Wasser auffüllen. Das Leber-Gemüse-Püree in die Suppe einrühren. Die Brötchen würfeln, in Butter rösten und auf die Suppe streuen. Sofort heiß als Vorsuppe oder Zwischenmahlzeit auftragen.

PUTERSÜLZGERICHTE

Sülzen sind sehr geeignet, auch das bescheidenste Gericht lecker zu gestalten. Sie schmecken pikant und bringen eine willkommene Abwechslung in die kalte Küche.
Es gibt zweierlei Arten von Sülzen: Die eine wird durch Kochen von Knochen aller Art, besonders aber von Kalbsfüßen, die andere mit Gelatine hergestellt.
Die erste Herstellungsart ist also ein Extrakt aus natürlichen Leimstoffen, aber umständlich und langwierig in der Zubereitung, denn die Knochen geben erst nach 4–5 Stunden Kochzeit genügend Leimstoffe ab, um schnittfest zu werden.
Sülze aus Gelatine ist dagegen einfacher herzustellen und sowohl für einfache wie pikante Speisen zu verwenden. Gelatine ist sehr eiweißreich und damit auch sehr nahrhaft.
Die Gelatine kann man einfach in Wasser aufgeweicht verwenden. Es fehlt dann aber, da sie praktisch geschmacklos ist, der angenehme Sülzgeschmack bei den so zubereiteten Gerichten.
Richtig ist es, Sülze aus Gelatine auf der Grundlage von Brühe, Weinessig und Gewürzen herstellen. Die so entstehende Sülze hat dann einen sehr guten Eigengeschmack, der den des Einlegegutes verbessert.

Sülze aus Gelatine

Knapp 1 l beliebige Brühe, 1/2 Tasse Weinessig,
10–12 Blatt Gelatine, reichlich Gewürze.

Die Sülze bereitet man am besten aus entfetteter Fleisch- oder Gemüsebrühe, die man mit Essig, Salz, Muskat und Suppenwürze kräftig abschmeckt. Dann weicht man die Gelatine in kaltem Wasser ein, löst sie in 1/2 Tasse heißem Wasser restlos auf und mischt sie unter die handwarme Flüssigkeit.
Da der Geschmack der kalten Sülze sehr nachläßt, muß man sie reichlich würzen. Im Sommer braucht man 12 Blatt Gelatine, im Winter oder im Kühlschrank genügen 10 Blatt auf 1 Liter Flüssigkeit.
Bei der Sülzebereitung ist es wichtig zu wissen, daß die Gelatine nie mitkochen darf, da sie sonst unangenehm vorschmeckt.

Die fertige Sülzbrühe wird in eine kalt ausgespülte Form gegeben und kalt gestellt. Wenn man Einlagen (Puterfleisch, Puterschnitzel, Gemüse usw.) machen will, gießt man zuerst einen etwa 1 cm hohen Sockel ein und läßt diesen steif werden. Darauf gibt man die Einlage oder Garnitur und füllt vorsichtig mit Sülze auf, damit sie nicht zerstört wird. Am besten ist es, die Sülze halbsteif werden zu lassen und sie dann mit einem Löffel auf die Einlage zu geben. Zum Schluß wird das Gericht mit angewärmter Sülze aufgefüllt. Nach dem Erstarren kann sie gestürzt und beliebig garniert werden.

Feines Putersülzgericht

1000 g Puterfleisch (Unter- oder Oberschenkel), 1 Glas Rotwein, Fleischbrühe, 6 Blatt Gelatine, 10 Oliven, 100 g Steinpilze, Gewürze.

Das Puterfleisch wird in Kochwein und Fleischbrühe weich gekocht, abgetropft und von den Knochen befreit. Ist es erkaltet, schneidet man das Fleisch in Scheiben. Die entfettete Brühe kocht man auf etwa $1/2$ ein; sie wird dann mit Eiweiß geklärt und mit der aufgelösten Gelatine vermengt.
Man gibt nun die Fleischscheiben in eine flache Schüssel, garniert sie mit Oliven und gedämpften Pilzen und füllt die Sülzbrühe darüber, die nach dem Erstarren mit Zitronenschnitzen und Tomaten verziert wird.

Puter in Aspik

500 g Puterfleisch, $1/2$ Bund Suppengrün, $1\,1/2$ l Wasser, Salz, $1\,1/2$ EL Essig, 1 Lorbeerblatt, 2–3 Pfefferkörner, 2 EL Weißwein (20 g).

Zum Klären: $1/2$ Eiweiß, $1/2$ Eischale, 9 Blatt weiße Gelatine, Essig und Salz zum Nachwürzen.

Zum Garnieren: 1 hartgekochtes Ei, 25 g Champignons aus der Dose, 1 Gewürzgurke, 1 kleine gekochte Möhre (35 g), $1/2$ Bund Petersilie, 2 Tomaten (140 g).

Puterfleisch unter kaltem Wasser abspülen, abtropfen lassen. Suppengrün putzen, waschen, in Würfel oder Stücke schneiden. In ei-

nem Topf Wasser aufkochen. Puterfleisch und Suppengrün reingeben. Salzen. Essig, Lorbeerblatt und Pfefferkörner dazugeben und 120 Minuten kochen lassen.
Puterfleisch aus der Brühe nehmen und von den Knochen lösen. Die Brust in Querscheiben, Rumpf und Schenkel der Länge nach, in gleichmäßig große Stücke schneiden. Wenn die Brühe eingekocht ist, den Weißwein eingießen. Danach wird die Brühe geklärt, das heißt, von allen trüben Bestandteilen befreit, indem man sie durch ein Tuch fließen läßt. Eiweiß und zerdrückte Eischale mit etwas Wasser verquirlen, in die Brühe geben. Unter ständigem Rühren Brühe bei starker Hitze bis kurz vorm Kochen erhitzen. Dabei gerinnt das Eiweiß. Geronnenes Eiweiß ständig abschöpfen. Die Brühe erkalten lassen.
In der Zwischenzeit die Gelatine in kaltem Wasser etwa 10 Minuten quellen lassen. Die erkaltete Brühe durch cin sauberes Leinentuch gießen und wieder aufkochen. Die Gelatine ausdrücken und in die heiße Brühe rühren. So lange weiterrühren, bis die Gelatine sich völlig gelöst hat. Evtl. mit Salz und Essig nachwürzen. In zwei flache, mit kaltem Wasser ausgespülte Porzellan- oder Glasschalen einen 5 mm hohen Spiegel (das ist die erste Aspikschicht) gießen. Im Kühlschrank fest werden lassen. Das dauert etwa 15 Minuten. Sollte die restliche Brühe inzwischen fester werden, bei ganz schwacher Hitze warm halten, dann bleibt sie flüssig.
Jetzt wird die Garnierung vorbereitet. Hartgekochtes Ei in Scheiben schneiden. Champignons abtropfen lassen, blättrig schneiden. Gewürzgurke und Möhre mit dem Buntmesser (geriffelte Schneide) in Scheiben schneiden.
Garnierung vorsichtig auf dem erkalteten Spiegel hübsch anordnen und wieder mit Brühe übergießen. Weitere 15 Minuten im Kühlschrank erkalten lassen. Dann das Fleisch darauf verteilen und restliche Brühe darübergießen. Im Kühlschrank mindestens 2 Stunden lang fest werden lassen.
Bevor das Puteraspik aufgetragen wird, stürzt man es auf eine Platte. Garniert wird mit gewaschener, trockengetupfter Petersilie und mit gewaschenen, geachtelten Tomaten.

Französischer Puteraspik

500 g Puterteile, 375 ccm halbtrockener Weißwein, $^1/_8$ l Wasser, $^1/_2$ Bund Suppengrün, 1 Knoblauchzehe, 2 Nelken, $^1/_2$ kleine Zwiebel, Salz, Pfeffer, 1 Eiweiß, 2 EL Sherry, 1 EL Zitronensaft, 5 Blatt weiße Gelatine.

Wein und Wasser in einen Topf geben, aufkochen, Suppengrün, die mit Nelken gespickte Zwiebel und die halbierten Knoblauchzehen zugeben, mit Pfeffer und Salz würzen, das Fleisch einlegen und, nachdem es kurz aufgekocht ist, bei sanfter Hitze etwa 2 Stunden zugedeckt köcheln lassen.
Den Topf vom Herd nehmen und das Fleisch im Sud erkalten lassen. Das kalte Fleisch herausnehmen, abtrocknen und in etwa 2–3 cm große Würfel schneiden. Das Eiweiß mit einem EL Wasser schaumig schlagen. Eine Eierschale ganz fein zerdrücken und zugeben. Die Brühe durch ein Sieb gießen und unter Rühren aufkochen. Zur Seite stellen und nach etwa 10 Minuten das Eiweiß, das sich oben abgesetzt hat, abschöpfen. Die Brühe durch ein Tuch oder durch Filterpapier (Kaffeefilter) gießen.
375 ccm l Brühe entnehmen, mit dem Sherry, Zitronensaft und Saft abschmecken.
3 EL Brühe abnehmen und die Gelatine bei milder Hitze darin auflösen und unter die Brühe rühren. Wenn die Brühe beginnt, dicklich zu werden, eine mit kaltem Wasser ausgespülte Form mit den Fleischwürfeln füllen, das Gelee darübergießen und im Kühlschrank $3^1/_2$–4 Stunden fest werden lassen.
Zum Auftragen den Rand mit einem spitzen Messer lösen und die Form kurz in heißes Wasser tauchen und dann stürzen.
Dazu passen: Bratkartoffeln, Gewürzgurken und eine Remoulade.

PUTERWURST- UND RÄUCHERWAREN

Alle Wurstsorten und Räucherwaren, die es aus anderem Fleisch gibt, sind auch aus Puterfleisch erhältlich. Um nur einen Teil zu nennen: Frischwurst, Fleischkäse, Mortadella, Schinkenwurst, Bierschinken, Gelbwurst mit Petersilie, Leberwurst mit fremden Fetten (da Puterleber selbst zu fettarm ist), Lyoner, Bratwurst,

Grillwürste, gekochter Puterschinken, geräucherter Schinken, Würstchen, Puter in Aspik usw.
Die Puterwurstwaren haben einen besonderen Vorteil. Während sie im Geschmack vielfach, besonders in den feinen Sorten, die üblichen Wurstsorten übertreffen, liegt ihr Kalorien-/Joulegehalt fast durchgehend unter der Hälfte der Erzeugnisse aus anderen Fleischsorten.

Puterschnellgerichte

Alle Puterwurst- und Räucherwaren sind nicht nur hervorragende Wurst- und Räucherwarenspezialitäten, sondern können auch aufgrund der der Wurst eigenen Verkochung zur Zubereitung von schmackhaften und kräftigen Schnellgerichten verwendet werden.
Einige davon sind:

Fleischkäse mit Setzei

1 Scheibe Puterfleischkäse wird mit etwas kleingeschnittener Zwiebel in der Pfanne auf beiden Seiten angebraten und dann ein Setzei darauf gelegt – fertig ist das Minutengericht.

Lyoner mit Bratkartoffeln

1 Lyonerwurst wird entpellt, in Würfel geschnitten. Diese werden kurz in heißem Fett angebraten. Zusammen mit den ebenfalls schnell zubereiteten Bratkartoffeln mit Zwiebelstücken ergibt dies ein schmackhaftes zeitsparendes Gericht. Dazu ein Setzei.

Wurstsalat

Aus kleingeschnittener Schinkenwurst oder Lyoner läßt sich in wenigen Minuten auch ein guter Wurstsalat zubereiten.
Dazu ist es nur erforderlich, aus einer kleingeschnittenen Zwiebel, Salz, Pfeffer, Öl und etwas Essig eine Marinade zu bereiten, die man über die Wurstwürfel gießt und kurz einmengt. Fertig ist der Wurstsalat.

Schnell geht auch die Zubereitung einer Marinade aus etwas Tubenmayonnaise, etwas Sauerrahm, Paprikapulver und gehackten Gurken.

Puterschinkenrouladen

Eine andere schnelle Abendmahlzeit kann man aus einigen Scheiben Puterschinken zubereiten.
Dazu ist es nur erforderlich, in die Schinkenscheiben etwas Dosenspargel, Tomatenscheiben, Dosenpilze, Bananen oder eine bereits angebratene Grillwurst einzuwickeln oder einzurollen. Diese so entstandenen Schinkenrouladen können sofort, möglichst mit etwas Mayonnaise oder Remoulade aus der Tube, aufgetragen werden.
Wenn jemand den Geschmack etwas kräftiger haben möchte, empfiehlt es sich, die Schinkenrouladen kurz in der Pfanne anzubraten.
In gleicher Weise lassen sich aus Puterwurstsorten und Puterräucherwaren Hunderte ähnliche Gerichte schnell und schmackhaft zubereiten.

Puterbratwürste nach Nürnberger Art

10 Puterbratwürste, Öl zum Bestreichen, 1 EL Majoran, 1/2 TL Thymian, 3 EL Meerrettich, 3 EL geschlagene Sahne, Zitronensaft, Salz, Zucker, 500–750 g Sauerkraut, 50 g Schweineschmalz, 1 Zwiebel, 1/4–1/2 l Wasser, Zucker, 4 Wacholderbeeren, 2 Lorbeerblätter, 4–5 Pfefferkörner, Salz, 1 rohe Kartoffel.

Öl, Majoran und Thymian vermengen und etwas ziehen lassen. Puterbratwürste mit Ölgemenge bestreichen, etwas einwirken lassen und auf dem Rost grillen.
Meerrettich, Sahne, Zitrone, Salz und Zucker vermischen und in einer gesonderten Schüssel zu den Würsten stellen. Sauerkraut waschen und in dem zerlassenen Schweineschmalz dünsten. Dann sämtliche Zutaten mit Ausnahme der Kartoffel in das Sauerkraut geben. Etwa 60 Minuten leicht garen, dann die rohe, geriebene Kartoffel zufügen und alles nochmals 10 Minuten durchkochen lassen.
Sauerkraut in einer Schüssel anrichten und zusammen mit den Würsten reichen oder diese obenauf legen.

Puterbratwurst in Biersauce

4 Puterbratwürste, 3 EL Mehl, 50 g Schweineschmalz, 1 Glas dunkles Bier, Majoran, Pfeffer, Salz.

Die Puterbratwürste mit heißem Wasser überbrühen und 5–10 Minuten ziehen lassen. Anschließend mit Küchenkrepp gut abtrocknen, in Mehl wälzen und in heißem Schweineschmalz goldgelb braten. Die Puterbratwürstchen auf einer Platte warm stellen. Zu dem Bratenfond das restliche Mehl geben, gut durchrühren und mit Bier löschen. Die Sauce mit Majoran, Pfeffer und Salz abschmecken und über die Puterbratwürste gießen.
Dazu passen: Kartoffeln und Krautsalat.

Puterschinkenpfanne

Für 4–6 Personen

350 g gekochter Puterschinken, 3–4 Schalotten, etwas Butter zum Braten, 250 g Mehl, 3 Eier, knapp ¹/₄ l Milch, knapp ¹/₄ l Wasser, 1 Prise Salz, 750 g gekochte Kartoffeln.

Das Mehl in eine Schüssel sieben. Die Eier mit der Flüssigkeit und dem Salz verschlagen und nach und nach von der Mitte ausgehend in das Mehl einrühren. Den Teig etwas stehen lassen, damit das Mehl quellen kann.
Die gekochten, erkalteten Kartoffeln in Scheiben schneiden. Den gekochten Schinken mit den abgezogenen Schalotten durch die grobe Scheibe des Fleischwolfs drehen.
Butter in einer großen Pfanne erhitzen und die Hälfte des Eierkuchenteiges hineinschütten. Die Hälfte der geschnittenen Kartoffeln darauflegen, die durchgedrehte Schinken-Schalotten-Masse daraufstreichen, mit dem Rest Kartoffelscheiben belegen und mit restlichem Eierkuchenteig übergießen. Bei kleiner Flamme langsam braun braten.
In einer zweiten, gleich großen Pfanne nochmals etwas Butter erhitzen und vorsichtig den Pfanneninhalt hineingeben (wenden). Auch von der anderen Seite schön knusprig braun braten.

PUTERRESTEVERWERTUNG

Puter sind im Gegensatz zu Gänsen und Enten, die als hohle Vögel gelten, ziemlich vollfleischige Vögel. Sie sind deshalb auch fast restlos zu verwerten. Das gilt selbst für die übriggebliebenen Knochen, denn Puter haben aufgrund ihres großen Gewichtes, das sie erreichen können, ein sehr kräftiges Gerippe und starke Knochen, woraus noch eine gute Suppe gekocht werden kann. Auch ein gutes Ragout läßt sich aus Bratenresten zubereiten.

Puterbratenaufschnitt

Kalter Puterbraten von einem ganzen Puter oder Puterteilen (Schenkel, Brust) ergibt einen ausgezeichneten Aufschnitt. Was aber als kalter Aufschnitt Verwendung finden soll, darf nur vollkommen ausgekühlt aufgeschnitten werden.
Fleisch läßt sich nur kalt in dünne und gleichmäßige Scheiben schneiden. Kalt geschnitten bleibt es auch saftiger. Warm geschnittenes Fleisch rollt sich auf und verfärbt sich leicht und wird dadurch unansehnlich.

Puterragout

3–4 Tassen Puterbratenreste, 250 g Champignons,
1 Päckchen weiße Sauce, Petersilie, Zitronensaft, Salz,
1 kleine Dose Krabben, Butter.

Champignons zerschneiden und in Butter andünsten. Weiße Sauce nach Vorschrift zubereiten. Champignons zugeben und das Puterfleisch in Würfel zugeben. Mit etwas Salz und Zitronensaft abschmecken. Zuletzt die Krabben einlegen und alles zusammen, ohne Kochen, heiß werden lassen.
Mit Petersilie bestreuen. Vor dem Auftragen kann man auch etwas saure Sahne unterrühren.
Dazu passen: Reis oder Teigwaren.

Puterknochensuppe

Das Puterbratengerippe und die starken Knochen ergeben entsprechend zerkleinert eine gute Geflügelgrundsuppe, die für viele Zwecke verwendet werden kann. Mit 1–2 Würfel Geflügel- oder Hühnersuppe zusammen entsteht eine allein auftischbare Suppe.

Puterreste für Sülzgerichte

Aus Puterresten zusammen mit ein paar Blatt Gelatine lassen sich sehr schmackhafte Sülzgerichte herstellen.

PUTERFLEISCHSALATE

Putergeflügelsalat

320 g gekochtes Puterfleisch, 400 g Spargelabschnitte, 4 kleine Scheiben Ananas oder entsprechende Menge Ananaswürfel, Salz, 4 EL Mayonnaise, 4 EL Milch, 4 TL Tomatenketchup.

Das Puterfleisch kochen, tiefgefrorenes vorher auftauen, da sonst das Fleisch außen gekocht und innen noch roh sein kann, erkalten lassen. Haut entfernen. Brühe für andere Gerichte, insbesondere Suppen, verwenden.
Fleisch in Streifen schneiden, mit den Spargelabschnitten und den kleingeschnittenen Ananasscheiben bzw. der entsprechenden Menge Ananaswürfel – gut abgetropft – vermischen. Leicht salzen.
Die Mayonnaise mit der Milch und dem Tomatenketchup verrühren und über den Salat gießen.

Salat aus Puterfleisch, Spinat, Champignons und Radieschen

4 Puterschnitzel von je 150 g, Salz, Pfeffer, 4 EL Öl, 200 g Blattspinat, 1 Bund Radieschen, 200 g Champignons aus der Dose oder frische, Zitronensaft, 2 kleine rote Zwiebeln, 10 EL Gartenkräutermarinade (Fertigprodukt).

Das gekochte oder gebratene Puterfleisch in Würfel schneiden, salzen und pfeffern. Öl in einer Pfanne erhitzen und das Fleisch darin rundherum in knapp zwei Minuten anbraten. Auf Küchenkrepp legen und etwas abtropfen lassen.
Spinat waschen, verlesen und gut abtropfen lassen. Radieschen putzen und in feine Scheiben schneiden. Die Champignons aus der Dose sehr gut abtropfen lassen, wenn frische, gut putzen und klein schneiden und sofort mit Zitronensaft beträufeln. Die Zwiebeln schälen und fein hacken.
Puterfleisch, Spinat, Champignons, Radieschen und die Zwiebeln in eine Schüssel geben. Die Marinade darübergießen und alles leicht miteinander vermengen.

Putergeflügelsalat für Gourmets

400 g gekochtes oder gebratenes Puterfleisch, 2 Ecken Rahmfrischkäse, 2 TL geriebener Meerrettich, 2 EL Tomatenketchup, 8 EL Milch, 4 EL gehackte Petersilie, 2 Orangen.

Den Käse mit einer Gabel zerdrücken und mit dem Meerrettich, dem Ketchup und der Milch sehr gründlich zu einer geschmeidigen Sauce verrühren. Die Petersilie zufügen.
Die Orangen halbieren und vorsichtig das Fruchtfleisch aus den Schalen lösen und in kleine Stücke schneiden. Das Puterfleisch in halbzentimetergroße Würfel schneiden und in die Sauce vorsichtig einmischen.
Den fertigen Putergeflügelsalat in die Orangenschalen einfüllen.
Diesen Geflügelsalat kann man anstatt mit Frischrahmkäse auch mit Magerquark zubereiten. Anstatt Orangen kann man auch die gleiche Menge anderes Obst (halb säuerliche Äpfel, halbe Ananasstückchen aus der Dose) nehmen.

Putergeflügelsalat ungarische Art

600 g gekochtes oder gebratenes Puterfleisch, 125 g Reis, 1 l Salzwasser, 200 g Champignons aus der Dose, falls erhältlich, besser frische, 1 Zwiebel (40 g), 30 g Butter, weißer Pfeffer, 4 große Tomaten (300 g), je 1 grüne und rote Paprikaschote (300 g).

Für die Marinade: 1/8 l saure Sahne, 1 Becher Joghurt (150 g), 1 EL Olivenöl (10 g), 2 EL Zitronensaft, 2 TL Paprika, edelsüß, Salz, Zucker, 1 kleiner Weißkohl (500 g), 1/2 Bund Schnittlauch.

Reis waschen, in kochendes Salzwasser geben und in 15 Minuten beißfest kochen. Mit kaltem Wasser auf einem Sieb abschrecken und gut abtropfen lassen.
In der Zwischenzeit die Champignons putzen, waschen, trockentupfen. Blättrig schneiden. Zusammen mit der geschälten, gewürfelten Zwiebel 10 Minuten in einem Topf in Butter braten. Mit Salz und Pfeffer würzen. Erkalten lassen. Tomaten brühen, häuten, Stengelansätze rausschneiden, grob würfeln. Paprikaschoten halbieren, putzen, waschen, fein würfeln.
Vom Fleisch evtl. Fett und die Haut entfernen und in mundgerechte Würfel schneiden. Mit Champignons, Zwiebel, Tomaten, Paprika und Reis mischen.
Für die Marinade saure Sahne mit Joghurt und Olivenöl in einem Topf schaumig rühren. Mit Zitronensaft, Paprika, Salz und Zucker würzen. Weißkohl waschen und hobeln und leicht salzen. Eine Salatschüssel damit auslegen, den Salat daraufschichten und mit der Marinade übergießen. 2 Stunden kalt stellen. Schnittlauch waschen, trockentupfen, klein schneiden und vor dem Auftragen den Salat damit bestreuen.

Putersalat amerikanisch

Für 8 Personen

1 fertig gebratener Puterschlegel von 1600 g, je 2 grüne und rote Paprikaschoten (600 g), 8 Tomaten (500 g), 1 kleine Dose Maiskörner (500 g), 15 grüne gefüllte Oliven. Für die Marinade: 12 EL Öl (120 g), 4 EL Kräuteressig, je 2 TL Sojasauce und Paprika, rosenscharf, Salz, Pfeffer. Außerdem: 4 Bund Radieschen, Salz, 2 Köpfe Salat, 2 Pakete Kresse.

Vom Puter die Haut entfernen und die Knochen auslösen. Haut in ganz feine Streifen, Fleisch in mundgerechte Würfel schneiden. Paprikaschoten halbieren, ausputzen, waschen, in Streifen schneiden. Tomaten häuten (überbrühen), die Stengelansätze herausschneiden und würfeln. Maiskörner aus der Dose nehmen und abtropfen lassen. Oliven in Scheiben schneiden. Dann alles leicht vermengen.
Für die Marinade Öl, Essig, Sojasauce in einer Schüssel verrühren. Mit Paprika, Salz und Pfeffer pikant würzen. Über den Salat gießen. Kühl stellen.
Radieschen waschen, abtropfen. In Scheiben schneiden, leicht salzen. Kopfsalat entblättern, waschen. Gut trockentupfen. In grobe Streifen schneiden.
Erst den Kopfsalat, dann die Radieschen auf acht Glasteller verteilen. Salatmischung daraufschichten. Marinade darüber verteilen. Mit gewaschener, trockengetupfter Kresse reich garniert auftragen.

Putercocktail

800 g gekochtes, besser gebratenes Puterfleisch, 1 Dose feine Erbsen, 1 Dose Champignons, 1 Dose Spargelspitzen, 1 Tasse Mayonnaise, Salz, Pfeffer, Zucker, Spritzer Tomatenketchup, einige EL Sahne, 4 Salatblätter.

Das Fleisch von den Geflügelknochen lösen und in mundgerechte Stücke schneiden.
Erbsen, Champignons und Spargelspitzen aus der Dose nehmen und auf einem Sieb abtropfen lassen. Mayonnaise mit Sahne, Salz,

Pfeffer, Zucker und Tomatenketchup zu einer geschmeidigen Sauce rühren und pikant abschmecken. Gemüse und Fleisch unter die Sauce heben.
Cocktailgläser mit Salatblättern auslegen, die Salatmischung daraufgeben und den Cocktail mit Toast und Butter reichen.

Puter-Mayonnaise-Salat

Puterreste, Mayonnaise, Gewürze

Puterbratenreste werden von der Haut befreit und in schmale Streifen oder kleine Würfel geschnitten. Ist nur noch wenig Fleisch vorhanden, kann man es durch Zugabe von gekochtem Sellerie und 1 geschälten Apfel, Ananas, Champignons oder Chicorée strecken. Man würzt es mit etwas Salz, Essig und Öl und fügt dann etliche EL Mayonnaise dazu. Mit etwas Kapern oder einigen grünen Pfefferkörnern kann man den Salat noch angenehmer oder schärfer und aromatischer machen.
Der Salat kann in halbe Orangen- oder Grapefruitschalen oder ausgehöhlte Äpfel gefüllt werden.

Putersalat

1000 g fertig gepökeltes oder selbst gepökeltes Puterfleisch, 1 kleine Zwiebel, 1 Lorbeerblatt, Gewürznelken, Pfefferkörner, Wasser.

Für die Marinade: 3 feingehackte Zwiebeln, 5 EL Öl, 5 EL Brühe, 4 EL Weinessig, Zucker, Pfeffer, Salz, 4 Zwiebeln, in Ringe geschnitten.

Das Puterfleisch mit der geschälten und geviertelten Zwiebel und den Gewürzen in reichlich heißem Wasser kochen. Den Schaum abschöpfen. Aus Zwiebelwürfel, Öl, Brühe, Essig, Zucker, Pfeffer und Salz eine Marinade bereiten.
Das Fleisch abkühlen lassen und in dünne Scheiben schneiden. Die fertige Marinade darübergießen und etwa $1^1/_2$ Stunden ziehen lassen. Vor dem Anrichten den Salat mit Zwiebelringen verzieren.

SANDWICHES UND TOASTS

Aus gekochtem, erkaltetem Puterfleisch, noch besser aus kaltem Puterbraten, in Scheiben oder Stücken geschnitten, lassen sich ausgezeichnete Sandwiches und Toasts für die kalte Abendplatte zubereiten.

Sandwiches

sind zwei übereinandergelegte gebutterte und von der Rinde befreite Scheiben Weißbrot, zwischen die Wurstwaren, Bratenreste, Räucherwaren, Käse, Salate, Eier usw. eingelegt wurden.
Die Brote werden – um noch handlicher zu sein – nach Fertigstellung in Streifen oder Dreiecke geschnitten.
Wenn man die leichte Pappigkeit der rindenlosen Weißbrotscheiben vermeiden will, empfiehlt es sich, die Weißbrotscheiben anzurösten und erst nach dem Erkalten mit Butter zu bestreichen.
Das Auftragen von Sandwiches ist da angebracht, wo Gäste durch das Essen nicht abgelenkt werden wollen, wie beim Kartenspielen, Schachspielen oder Fernsehen.

Putersandwich

Zwischen 2 Weißbrotscheiben 1 oder 2 Scheiben kalten Puterbraten, etwas Mayonnaise aus der Tube, in Scheiben geschnittenes hartgekochtes Ei und kleingeschnittene Gürkchen legen.

Putersülzensandwich

Puterbratenreste, die in Sülze eingelegt wurden, sind eine hervorragende gute Sandwicheinlage. Von der Sülze brauchen nur in passender Größe die Sülzescheiben abgeschnitten und aufgelegt werden. Ein paar Eierscheiben und Gürkchenscheiben darauflegen und Mayonnaise daraufgeben.

Puterwurst- und -räucherwarensandwich

Am einfachsten – wirklich in Minutenschnelle – lassen sich Sandwiches mit Puterwurst, kalten Rollbratenscheiben, Puterschinken oder Puterräucherwaren zubereiten. Weißbrotscheiben mit

Butter bestreichen und Scheiben in der passenden Größe von den fertigen Puterwaren abschneiden und auflegen. Eier- und Gürkchenscheiben darauflegen und etwas Mayonnaise darübergeben.

Toasts

sind angeröstete Weißbrotscheiben mit schmackhaftem, warmem oder kaltem Belag.
Im Gegensatz zu Sandwiches wird bei der Toastzubereitung keine zweite Scheibe obenaufgelegt. Jeder kann dadurch die Auflagen sehen und aus der kalten Platte besser auswählen, was seinem Geschmack entspricht.

Puterlebertoast

Eine vom Braten übriggebliebene Puterleber wird mit 1/2 Zwiebel und 20 g Schinkenspeck durch den Fleischwolf gedreht, gesalzen und gepfeffert. 1 Eigelb und etwas geriebene Semmel hinzu.
Paste auf gebuttertem Toast im Ofen überbacken. Mit gedünsteten Apfelscheiben garnieren.

Puterbratentoast

Puterbratenreste durch den Fleischwolf drehen und nach Geschmack Jägersauce, Meerrettichsauce oder eine andere fertige markante Sauce einmengen. Die Masse muß aber trocken bleiben.
Die gerösteten, aber kalten Weißbrotscheiben mit Butter oder Kräuterbutter bestreichen, die Masse daraufgeben und mit Eier- und Gürkchenscheiben belegen. Zur Verzierung ein paar Tupfer Mayonnaise daraufgeben.

Puterwurst- und -räucherwarentoast

Ähnlich wie bei Sandwiches lassen sich Toasts aus Puterwurst- und Puterräucherwaren schnell herstellen. Es genügt dazu, entsprechend große Scheiben von den Puterfertigwaren abzuschneiden und auf die gebutterten, getoasteten Weißbrotscheiben zu legen und eine Verzierung darüberzugeben.

Putersülzetoast

Aus Putersülze, selbst gefertigt oder fertig, lassen sich Toasts besonders gut aussehend schnell zubereiten. Sülzescheiben in passender Größe abschneiden, auf die gerösteten und gebutterten Weißbrotscheiben auflegen und mit Mayonnaise und Eierscheiben, Gürkchen, Oliven oder Mixed Pickles garnieren.

NOCH EINIGES WISSENSWERTES

KLEINE GEHEIMNISSE DER PUTERZUBEREITUNG

Kleine Puterfleischstücke soll man bei hohen Temperaturen – vorher Fett in der Pfanne heiß werden lassen – aber nur kurz braten.
In der Regel gilt: Puterstücke von jeder Seite nur 1½–2 Minuten in der Pfanne braten, dann Deckel darauf, und die Pfanne, damit das Gericht nachgaren kann, vom Herd nehmen und 5–7 Minuten zugedeckt stehen lassen.
Ganze Puter oder große Puterteile wie z. B. »Puterrollbraten« müssen dagegen mit geringer Hitze über einen längeren Zeitraum gegart werden.
In Portionen geteiltes Puterfleisch sollte in der offenen Pfanne, schwerere Stücke in der Bratenpfanne im Backofen gebraten werden.
Puterfleisch ist die ideale Grundlage für richtige Würzkunst, da sein zarter Geschmack jedes gute Gewürz gut zur Wirkung kommen läßt.

Alles Puterfleisch, das nur kurz gebraten wird, stets erst nach dem Anbraten salzen, dagegen nicht portionierte größere Puterteile grundsätzlich vor dem Anbraten salzen oder mit Salz einreiben.

Tiefgefrorenes Puterfleisch soll zum Auftauen – je nach der Größe des Puters oder der Puterteile – 10–24 Stunden in eine Schüssel gegeben werden, für die ein Deckel da ist. Wenn keine größere Schüssel vorhanden oder kein passender Deckel verfügbar ist, den Puter oder die Puterteile mit Küchenfolie überspannen.
Bevor man tiefgefrorene Puter oder Puterteile zum Auftauen weglegt, muß die Kunststoffumhüllung entfernt werden.
Wenn man sichergehen will, daß größere Puterteile, Bruststücke oder Schenkel oder ein ganzer Puter nicht zu trocken werden, dann muß man flüssige Butter einspritzen (siehe Kapitel »Butterputer«).

Puterbraten wird, offen in der Pfanne oder im Bräter gebraten, leicht etwas trocken. Es ist deshalb gut, in die Bruststücke und in die Schenkel an mehreren Stellen flüssige Butter einzuspritzen oder den Braten entsprechend zu *bardieren.* Mit diesem küchenfranzösischen Wort bezeichnet man das Abdecken oder Umwickeln bzw. Befestigen von dünnen Speckscheiben an oder auf den hitzeempfindlichen Teilen eines Bratens. Dies ist beim Puter besonders die Brust und das Brustbein. Wenn dies nicht geschieht, kann es passieren, daß durch die Brathitze der Puter beim Brustbein aufreißt, was das gute Aussehen und den Geschmack beeinträchtigt.
Besser ist es, den Puter in Alufolie zu braten. Bei dieser Methode wird die Hitzeeinwirkung durch die Alufolie gemildert und das Bardieren kann entfallen.
Am unteren Ende der Unterschenkel empfiehlt es sich, das Fleisch mit einem gut scharfen Messer vom Knochen zu lösen. Dadurch wird das unschön wirkende Abreißen des Fleisches vom Knochen während der Bratvorganges vermieden.
Bei Putergerichten erhält man eine besonders gute Bräunung, die bei dem weißen Fleisch des Puters sehr wichtig ist, wenn man den Puter oder die -bratenstücke mit Zuckerlösung, Salzwasser oder Bier vor dem Braten gut einpinselt oder damit bestreicht.
Bratensauce sieht besonders appetitlich aus, wenn sie gut gebräunt auf den Tisch kommt. Eine gute Nachbräunung erhält man mit einem alten Küchentrick. Eine Zwiebel wird ungeschält halbiert und mit der Schnittfläche einige Zeit auf die heiße Herdplatte gelegt. Die Schnittfläche kohlt dann leicht an. Wird die so behandelte Zwiebelhälfte mit in den Bratensaft gelegt, so wird er besonders schön braun.

Der Butterputer

Einen besonders saftigen Puterbraten kann man zubereiten, wenn man vor dem Braten flüssige Butter an mehreren Stellen in die Bruststücke und die Keulen einspritzt. Das Einspritzen ist ein ganz einfacher Vorgang. Es genügt dazu eine Einwegspritze, die in jeder Apotheke billig erhältlich ist. Die Spritze kann, entgegen ihrem Namen, mehrfach benutzt werden.

Durch die flüssige Butter, die durch den Druck der Spritze zwischen die Fleischfasern eindringt, erfolgt eine Auflockerung und eine erhebliche Geschmacksverbesserung des Bratens. Das Fleisch wird saftiger und außerdem lockerer.
Um das flüssige Fett einspritzen zu können, braucht man nur den Kolben der Spritze nach unten zu drücken, die Nadel in die flüssige Butter zu halten und dann langsam den Kolben hochzuziehen. Die Spritze füllt sich durch das Hochziehen mit der flüssigen Butter. Dann sticht man die Nadelspitze, mehr oder weniger tief, in das Fleisch und entleert mit Druck auf das Spritzenende die flüssige Butter in das Fleisch hinein.

DAS AUFTAUEN VON TIEFGEFRORENEM PUTERFLEISCH

Puter und Puterteile eignen sich sehr gut zum Einfrieren, und zwar in unzubereitetem aber auch in bereits fertig gegartem Zustand.
Tiefgefrorene Puter und Puterteile gibt es heute in fast jedem Fleischwaren führenden Geschäft oder Supermarkt.
Die Haltbarkeit von tiefgefrorenem Puterfleisch beträgt mindestens 12 Monate.
Tiefgefrorenes Puterfleisch kann je nach Größe und Art des Gefriergutes aufgetaut, angetaut oder noch gefroren verarbeitet werden.

Ganze Puter müssen vor der Verarbeitung voll aufgetaut werden, und zwar rechnet man beim **Auftauen**

in der Küche mit 16–20 Stunden
im Kühlschrank mit 35–38 Stunden
im auf 40–60 Grad angeheizten Backofen mit 3½–4 Stunden.

Puterteile haben eine erheblich kürzere **Auftauzeit**, und zwar rechnet man pro Kilo

in der Küche mit 3–4 Stunden
im Kühlschrank mit 6–8 Stunden
im auf 40–60 Grad angeheizten Backofen mit 1–2 Stunden.

Das Auftauen tiefgefrorener ganzer Puter oder größerer Puterteile vor dem Braten oder Kochen ist notwendig, weil es sonst passieren kann, daß das Fleisch außen gegart, aber innen noch roh bleibt.
Ein Auftauen oder Antauen ist nicht nötig bei Suppenfleisch, portionierten Schnitzeln, Filets, Steaks, Rollbraten, Rouladen.
Es muß allerdings beachtet werden, daß bei tiefgekühlter unaufgetauter Puterware die Koch- und Bratzeiten etwa 30 Prozent länger sind als bei frischem Fleisch.
Dagegen ist bei voll aufgetauten ganzen Putern und größeren Puterteilen, wie ganzen Schenkeln, die Zubereitungszeit kürzer als bei frischer Ware, da durch das Eingefrieren das Puterfleisch wie jedes andere Fleisch eine Art Vorgarung erhält, welche außerdem die Geschmackswerte deutlich verbessert.
Zum Auftauen legt man den Puterkörper oder die Puterteile in eine Schüssel, für die ein Deckel da ist. Wenn ein solcher fehlt, sollte man die Schüssel mit Küchenfolie überspannen, da Puterfleisch offen gelagert grade beim Auftauen leicht fremde Gerüche annimmt. Zur Not genügt, nach dem Entfernen der Eingefrier-Kunststoffumhüllung, auch das Einwickeln in Küchenfolie.
Ideal, nicht nur zum Aufbewahren und Eingefrieren, ist zum Auftauen auch der Tupperware-Geflügelbehälter. Dieser kann einen größere Baby- oder Miniputer voll aufnehmen und hat einen leicht herausnehmbaren durchlöcherten Boden. Durch die Löcher kann das Abtauwasser und der Abtausaft in den Raum darunter abfließen, und der Puterkörper oder die Puterteile können nach Ablauf der Auftauzeit wunderbar trocken herausgenommen werden.

AUFBEWAHRUNG IN KÜHL- UND TIEFKÜHLGERÄTEN

Puter und Puterteile nehmen Gerüche aller Art sehr leicht an. Dies ist bei der Zubereitung – Aufnahme von Gewürzen – von Vorteil. Bei der Lagerung in Kühl- und Gefriergeräten ist diese Eigenschaft dagegen aber von Nachteil, da dadurch auch Gerüche anderer geruchsstarker Lebensmittel leicht aufgenommen werden können.
Es empfiehlt sich deshalb, Puter und Puterteile in sicher dicht

schließenden Gefäßen aufzubewahren. Dafür bieten sich nach den Erfahrungen des Verfassers ganz besonders die für Geflügel sehr gut geeigneten Tupperwarebehälter an.
Diese Gefäße sind speziell für Frischhalten und Tiefkühlen geschaffen. Sie nehmen keine Gerüche an, sind unzerbrechlich, völlig neutral gegenüber allen üblichen Reinigungsmitteln, formbeständig und schließen selbst nach jahrezehntelangem Gebrauch zuverlässig und luftdicht das in ihnen eingelegte Gut ab. Sie können bis 83 Grad erhitzt und bis 40 Grad unterkühlt werden.
Dies ist aber für die Aufbewahrung von Putern und Puterteilen absolut notwendig. Das Puterfleisch hat eine sehr kälteempfindliche Haut. Bei nicht absolut dicht schließenden Behältern trocknet die Haut durch die Kälteeinwirkung – Kälte bewirkt eine schnelle Verdunstung – schnell aus, wird dadurch unansehnlich, und auch das Fleisch erleidet durch die Austrocknung erhebliche Geschmacksverluste. Bei den selbst bei größter Kälte absolut dicht schließenden Tupperwarebehältern kann durch die Abschließung keine Verdunstung erfolgen, und eingelegte Puter und Puterteile bleiben stets frisch und voll appetitlich.
Für die Aufbewahrung von Putern und Puterteilen, aber auch jeder anderen Art von Geflügel hat sich der Tupperware-Spezialgeflügelbehälter (Firma Tupperware, Bettinastraße 35, 6000 Frankfurt am Main 1) besonders bewährt. Dieser speziell für die Einlagerung von ganzem Geflügel oder Geflügelteilen geschaffene Behälter hat die Form einer bratfertigen Baby- oder Minipute, die ohne Raumverlust gut hineinpaßt. Aber auch Puterteile sowie Teile von jedem anderen Geflügel können darin in beachtlicher Menge eingelegt und aufbewahrt werden. Er hat einen überaus praktischen Einsatz mit Griffen, mit dem das Gut leicht herausgehoben werden kann, ohne daß der Behälter umgestürzt werden muß.
Ein weiterer Vorteil der wirklich luftdicht schließenden Tupperwarebehälter liegt darin, daß, wenn man beim Aufsetzen der Deckel diesen leicht eindrückt und dabei den Rand an einer Stelle etwas anhebt, man ein Teilvakuum, einen leicht luftverdünnten Raum im Innern, erzeugt. Ein Teilvakuum aber begünstigt sehr das Frischhalten aller eingelegten Lebensmittel.
Ein ganz besonderer Vorteil des Geflügelspezialbehälters ist aber, daß darin der zur Auftauung kommende Puter oder das Puterfleisch nach dem Auftauen trocken herauskommt. Durch die siebartige Einlage in dem Behälter fließt das Abtauwasser und der

Abtausaft in den Raum unter dem Herausheber. Dadurch wird das stets unangenehme Aufweichen des Fleisches durch das Abtauwasser vermieden, und der Braten oder das Fleisch braucht nicht mehr abgetupft zu werden.

GEWÜRZE UND KRÄUTER SPEZIELL FÜR PUTERGERICHTE

Bohnenkraut

gibt Putersalaten einen markanten Geschmack, doch darf nicht zuviel davon beigegeben werden.

Cayennepfeffer

ist eine besondere Art der roten Pfefferschote. Die kleinen, getrockneten Schoten werden Suppen und Eintöpfen beigegeben. Verwendet wird Cayennepfeffer dort, wo man das Gericht schärfer als mit dem üblichen Pfeffer haben will.

Chillipfeffer

auch roter Pfeffer genannt, ist eine scharfe Abart von Paprika, der in heißen Gegenden der ganzen Welt angebaut wird. Es gibt ihn von mild bis höllisch scharf. Mäßig gebraucht ist er gesund, da er eine verdauungsfördernde Substanz enthält und reich an Vitamin C ist.
Chillipfeffer ist *das* Gewürz der heißen, armen Länder, aber er wird auch – wesentlich sparsamer – in der westlichen Welt in immer mehr steigendem Maße verwendet, insbesondere bei südländischen Gerichten.
Für Putergerichte ist er bei knappem Gebrauch gut geeignet.

Curry

ist kein Gewürz, sondern eine Gewürzmischung. Er eignet sich besonders gut zu Putergerichten mit Reis.

Dill

ist ein Gewürz, das Puterfleischcocktails oder Puterfleischsalaten einen besonders eigenen angenehmen Geschmack gibt.

Estragon

ist das Gewürz, das alle hellen Saucen oder Suppen aus und mit Puter sehr schmackhaft macht.

Grüner Pfeffer

wird in kleinen Gläsern einmariniert geliefert und hat neben der Pfefferwirkung ein gerade für Putergerichte wunderbares leicht auf das Fleisch übertragbares Aroma.

Kerbel

verleiht, fein gehackt, besonders gut Putercremesuppen einen sehr guten Geschmack.

Knoblauch

ist eine sehr konzentrierte Würze, mit der man viele Gerichte, insbesondere Salate, verfeinern kann. In ganz geringen, hauchartigen Beigaben ist er eine ans Wunderbare grenzende Speisenverfeinerung. Es genügt, die Innenwand eines Topfes mit einer ausgeschälten Knoblauchzehe auszureiben oder ganz ganz leicht mit ihr über ein Putersteack oder andere Puterteile oder einen ganzen Puterbraten zu streichen, um einen geradezu geheimnisvoll guten Geschmack des Gerichtes zu erreichen.
Falls Knoblauchzwiebeln nicht erhältlich, kann man auch ersatzweise mit Knoblauchsalz würzen.

Lorbeer

dient zum Würzen von Marinaden, Saucen und Ragouts.

Majoran

ist eines der wenigen Kräuter, die auch getrocknet ihre volle Würzkraft behalten. Majoran paßt sehr gut zu Puterbraten.

Paprikapulver

entsteht aus den getrockneten und zu Pulver gemahlenen Gewürzpaprikaschoten. Paprikapulver darf nie in heißes Fett kommen, da es dann bitter wird. Es wird Gulasch und Reis beigegeben und Suppen, Saucen und Ragouts.

Petersilie

ist das wohl bekannteste Würzkraut. Die glattblättrige Petersilie würzt stärker als die krause. Diese ist aber zum Dekorieren besser geeignet.

Salbei

ist ein Gewürz, das Lebergerichten einen besonders abwechslungsreichen Geschmack gibt.

Thymian

1–2 Zweige davon in einem Braten mitgeschmort, geben diesem einen kräftigeren Geschmack. Für Puterbraten deshalb besonders geeignet. Vor dem Auftragen werden die Zweige entfernt. Falls keine Zweige verfügbar, kann notfalls etwas getrockneter, gerebelter Thymian in die Sauce gegeben werden.

Wacholderbeeren

verwendet man ganz oder leicht zerdrückt zu allen Putergerichten nach Wildart.

DIE HANDELSÜBLICHEN GRÖSSEN, TEILSTÜCKE, WURST- UND RÄUCHERWAREN

Die Puterwirtschaft hat das Verdienst, daß sie dem Markt das ganze Jahr über Puter und Puterteile in den allgemeinen Familien- und Herdgrößen entsprechenden Portionierungen frisch, eingefroren und tiefgefroren in küchen- und fast bratfertigem Zustand liefert, und zwar in den zwei Qualitäten:

Handelsklasse A = allerbeste Qualität
Handelsklasse B = zweite Qualität

Es gibt Puter und Puterteile frisch, gefroren und tiefgefroren.
Frische Puter oder Puterteile haben naturgemäß, wie jedes andere Geflügel auch, nur eine begrenzte Haltbarkeit und sind zum alsbaldigen Verzehr bestimmt.
Bezüglich gefrorener oder tiefgefrorener Puter und Puterteile gibt es qualitativ keine Unterschiede. Gefrorene Puter werden bei –12 Grad eingefroren, während tiefgefrorene bei –40 Grad schockgefrostet werden. Die Haltbarkeit ist bei gefrorenen Putern mindestens 12 Monate, bei tiefgefrorenen über 12 Monate hinaus gegeben. Bei schockgefrorenem Fleisch nimmt man eine Geschmacksverbesserung an, weil die Tiefgefrierung eine Art Vorgarung darstellt.
Puter und Puterteile werden praktisch küchenfertig geliefert, und zwar in den beiden Vorbereitungsformen

bratfertig: die eßbaren Innereien, wie z. B. Magen, Herz, Leber und der Hals sind in die Bauchhöhle eingelegt,
grillfertig: die genießbaren Innereien und der Hals sind dem Körper nicht beigefügt.

Ganze Puter werden hauptsächlich zur Weihnachtszeit als sogenannte Baby- oder Miniputer in den Gewichten und Größen von $2^1/_2$–6 kg verlangt. Aufgrund des verhältnismäßig großen Gewichtes werden aber fast 90 Prozent der Puterwaren als Puterteile geliefert und verbraucht, und zwar in den Teilungen:

Puterbrust (Schnitzel, Filets, Steaks)
Puterschenkel (Ober- und Unterschenkel in einem Stück)
Puteroberschenkel
Puterunterschenkel
Puterflügel
Puterklein (Hals, Flügelenden, Magen, Herz, Leber)

Putersuppenfleisch (Stücke vom Hals, Rücken, Flügel und Innereien)
Puterleber
Puterrollbraten

Es gibt auch Puterteile, wie Schenkel und Brust, geräuchert oder gepökelt.
Die Puterbrust ist das größte Fleischstück des Puters. Puterbrust ist für Braten aller Art geeignet, aber auch für Rouladen, Gulasch, Schaschlik, Fleischspießchen, Kasseler usw.
Puterschenkel, die bis zu 2 kg schwer sein können, ergeben ebenfalls einen herrlichen Braten.
Der Ober- und Unterschenkel, die je nach Größe 400–1000 g wiegen, sind besonders für Gulasch geeignet. Unterschenkel eignen sich besonders gut für Putergerichte auf Wildart, da der Eigengeschmack dem entgegenkommt. Geräuchert und gedünstet sind Unterschenkel eine Delikatesse. Auch als Grundlage für eine herzhafte Suppe sind Puterunterschenkel gut geeignet.
Die Puterflügel, die zwischen 300–600 g wiegen, sind als Suppeneinlage, als Grillstücke, aber auch zum Dünsten sowie zur Herstellung von Suppen geeignet.
Das Putersuppenfleisch besteht meistens aus Stücken vom Hals, dem Rücken oder den Flügeln. Zusammen mit den Innereien, wie Herz und Magen, läßt sich daraus eine kräftige, gut schmeckende Geflügelsuppe zubereiten.
Besonders groß ist die Zahl der Puterwurstsorten.
Da gibt es:

Frischwurst, Fleischkäse, Mortadella, Schinkenwurst, Bierschinken, Gelbwurst mit Petersilie, Leberwurst mit fremden Fetten (da Puterleber selbst zu fettarm ist), Lyoner, Bratwurst, Grillwürste, gekochter Puterschinken, geräucherter Schinken, Würstchen, Puter in Aspik (Sülze) usw.

REZEPTREGISTER

Blandine Vié

Perfekte Mini-Küche

Einrichtung, Lebensmittel und Rezepte

Ullstein Sachbuch 4091

ein Ullstein Buch

Alleinstehende sind – statistisch gesehen – die am schlechtesten ernährte Gruppe unserer Gesellschaft. Aber auch ohne die Statistik zu bemühen – welcher Alleinstehende kennt nicht die Situation, in der er hungrig um Vorrats- und Kühlschrank streicht, um letzten Endes doch wieder beim belegten Brot zu landen. Dabei ist die Zubereitung leckerer, abwechslungsreicher großer und kleiner, warmer und kalter Gerichte gar nicht so schwer. Dieses Buch gibt dem ratlosen Alleinstehenden zahlreiche Rezepte, Ratschläge und Tips für eine ausgewogene Ernährung.

Céline Vence

Grill und offenes Feuer

Rezepte und Geräte für
die Küche im Freien
Mit zahlreichen Abbildungen

Ullstein Sachbuch 4099

ein Ullstein Buch

Ob im Garten, an einem Flußufer oder auf einer Lichtung im Wald – immer macht es Spaß, sich mit Freunden zu einem zünftigen Barbecue zu treffen.
Die Auswahl an köstlichen Dingen für den Grill oder das offene Feuer ist groß; sie reicht vom Fisch über Fleisch und Wurst bis hin zu Geflügel, Gemüse, Käse und Obst.
Dieses Buch bietet nicht nur
- zahlreiche Rezepte,

sondern auch umfassende Informationen über
- Feuer und Holz
- Grillapparate und Zubehör
- Gewürze, Marinaden und Saucen.

Mit diesen Kenntnissen wird Ihre nächste Grillparty oder Ihr nächstes Feuerfest ein voller kulinarischer Erfolg!

Fabrice
Bardeau

Die Apotheke Gottes

Heilkräuter einst
und jetzt – alphabetisch
geordnet
Mit zahlreichen Abbildungen

Ullstein Sachbuch 4098

ein Ullstein Buch

Heilpflanzen und Pflanzenheilkunde sind wieder ‚in'. Die Heilkraft von Kräutern und Pflanzen ist unbestritten und aus der modernen Medizin kaum noch wegzudenken.
Dieses Buch beschreibt die verschiedenen Gewächse mit ihren therapeutischen Eigenschaften, es bringt eine Sammlung nützlicher Rezepte zur Heilung oder Linderung unterschiedlichster Beschwerden und Hinweise auf kostbare, schon zum Teil in Vergessenheit geratene Hausmittel.
Eine unentbehrliche Ergänzung zur eigenen Hausapotheke.